索

引

中國民間信仰資料彙編

臺靜農題

第一輯索引

李豐楙
林月仙 編

臺灣學生書局 印行

凡　例

(1) 本彙編共收錄十九種：其中正編十七種、附錄三種。編列索
引時，以各書爲獨立單位編次頁碼。如：一行禪師 2-283，
爲第二種283頁。其編號簡作以下情形：

新編連相搜神廣記：　1

三教源流聖帝佛祖搜神大全：　2

新刻出像增補搜神記大全：　3

廣列仙傳：　4

有象列仙全傳：　5

　〈附〉列仙圖贊：5-1

月旦堂仙佛奇蹤合刻：　6

新鐫仙媛紀事：　7

歷代神仙通鑑：　8

繪圖歷代神仙傳：　9

神考：10

釋神：11

鑄鼎餘聞：12

新義錄：13

集說詮真：14

集說詮真續編：15

集說詮真提要：16

古今圖書集成·神異典神仙部：17

　〈附〉大千圖說：18

　〈附〉破除迷信全書：19

(2) 本索引以各單編傳記、記事之標目爲主，多爲神仙、人物之

名。如：二郎神 11-22，爲釋神所作的標目。也有考證所
記。如：丁祭用二仲上丁始於唐 13-27，爲新義錄的原題。
惟歷代神仙通鑑採用章回小說之標目，故除列原題外，標目
所列事跡如屬一位神仙，則核查原文，另列於該神仙名下。
如：「丁令威化鶴遼東　康僧會建圖吳下」8-1741，除保留
原目上半句外，另列於丁令威、康僧會條下。

(3) 本索引以筆劃爲序，同一筆劃歸爲一類。惟其中部分筆劃以
習慣書寫者爲主，未使用辭書之法。如：陳的偏旁未用「
阜」部。特此說明。

(4) 同一筆劃中，又按偏旁筆劃之多寡依次排列，方便檢閱。

目　次

一	畫	一	1								
二	畫	二	1	丁	1	人	1	入	1	了	2
		七	2	八	2	九	2	十	3	卜	3
		刀	3	又	3						
三	畫	三	3	兀	4	大	4	上	4	下	5
		乞	5	小	5	山	5	子	5	于	5
		干	5	女	5	川	6	土	6	凡	6
		弋	6	亡	6	千	6	尸	6		
四	畫	中	6	五	6	王	7	天	10	太	11
		元	12	不	12	水	12	火	12	木	13
		介	13	文	13	孔	13	尹	13	毛	14
		方	14	少	14	支	14	牛	14	巴	14
		戈	15	日	15	月	15	今	15	弔	15
		尤	15	六	15	公	15	井	15	殳	15
		凶	15	分	15	升	15	內	15	丹	15
		仇	15	仁	16	化	16	勾	16		
五	畫	玉	16	平	16	史	16	玄	16	北	17
		四	17	永	17	占	17	兄	17	司	17
		石	18	田	18	白	18	丙	19	代	19
		去	19	右	19	左	19	布	20	尼	20
		衣	20	古	20	介	20	台	20	甘	20

	立	20	矛	20	弗	20	皮	20	卭	20
	印	20	多	20	生	20	世	20	仙	20
	幼	21	主	21	包	21	失	21	亙	21
	丘	21	由	21	申	21	氾	21		
六 畫	任	21	休	22	仲	22	仰	22	伊	22
	伍	22	伏	22	全	22	沖	22	先	22
	交	22	列	22	回	22	向	22	后	22
	同	22	合	22	各	23	吉	23	吃	23
	好	23	如	23	守	23	宇	23	安	23
	朱	23	地	24	在	24	有	24	牟	24
	灰	24	托	24	死	24	江	24	曲	24
	次	24	成	24	百	24	血	24	艾	25
	羊	25	行	25	至	25	竹	25	自	25
	西	25	老	25	邢	26				
七 畫	住	26	伯	26	伽	26	佑	26	作	26
	余	26	何	26	佛	26	利	27	冷	27
	兵	27	匡	27	孝	27	孚	27	呂	27
	吳	28	告	28	吾	28	君	28	吹	28
	妙	28	妖	28	岑	28	坑	28	却	28
	巫	29	宋	29	完	29	形	29	希	29
	步	29	旴	29	扶	29	折	29	求	30
	沈	30	汪	30	沙	30	決	30	泓	30
	冲	30	李	30	杜	32	弟	32	弄	32
	灶	32	旱	32	社	32	祀	32	良	32

		言 32	谷 32	祁 33	邢 33	那 33
		邪 33	赤 33	辛 33	走 33	車 33
		辰 33	身 33	見 33	阮 33	
八	畫	刻 33	卓 33	奉 34	奇 34	夜 34
		岱 34	岳 34	姑 34	垂 34	宓 34
		宜 34	宛 34	宗 34	定 34	宮 34
		周 34	季 35	和 35	知 36	呼 36
		孤 36	昌 36	肩 36	抱 36	抽 36
		拔 36	招 36	拘 36	拓 36	孟 36
		昊 36	昇 36	炊 36	炎 36	承 36
		延 36	易 37	盂 37	庚 37	尙 37
		協 37	屈 37	居 37	房 37	性 37
		忽 37	忠 37	叔 37	牧 37	杭 37
		林 37	杵 38	杯 38	松 38	果 38
		東 38	明 38	武 39	帛 39	幸 39
		竺 39	雨 39	邯 39	邱 39	邵 39
		虎 39	法 39	泠 39	河 39	泗 40
		波 40	油 40	沛 40	泥 40	花 40
		芳 40	芮 40	芙 40	取 40	阿 40
		牀 40	迎 40	具 40	金 40	非 41
		門 41	兩 41	靑 41	長 41	
九	畫	南 42	俞 42	侯 42	俠 42	保 42
		奏 42	前 43	度 43	庠 43	律 43
		協 43	幽 43	建 43	施 43	封 43

垣 43	城 43	帝 43	威 43	姮 43
姚 43	姜 44	洋 44	洞 44	洎 44
洪 44	洛 44	柯 44	柳 44	柏 44
相 45	祠 45	祝 45	祖 45	神 45
炳 46	為 46	段 46	春 46	昭 46
星 46	拾 46	看 46	香 46	秋 46
皇 46	衍 46	耍 46	要 46	紀 46
胥 46	胡 46	苗 47	英 47	苦 47
若 47	茅 47	范 47	茉 47	苟 47
臥 47	負 47	陌 47	迦 47	郎 48
重 48	計 48	飛 48	風 48	

十　畫

倉 48	倩 48	卿 48	兼 48	務 48
凌 48	剝 48	冥 48	修 48	孫 48
夏 49	師 49	射 49	徐 49	唐 50
哥 50	員 50	哪 51	哼 51	家 51
容 51	宮 51	涉 51	浮 51	泰 51
海 51	浦 51	酒 51	消 51	涓 51
浙 51	浣 51	晉 51	晏 52	晒 52
時 52	烈 52	恭 52	殷 52	氣 52
殉 52	柴 52	桂 52	柩 52	桓 52
桑 52	桐 52	桃 52	挹 52	捹 53
捐 53	拳 53	祥 53	留 53	盆 53
眞 53	破 53	班 53	秦 53	秤 53
乘 53	般 53	耿 53	草 53	荊 54

茶 54	茍 54	素 54	紙 54	袁 54
耆 54	翁 54	財 54	訓 54	郝 54
郡 54	郗 54	送 54	軒 54	降 54
陝 54	除 55	釜 55	韋 55	馬 55
高 56	鬼 56			

十一畫

兜 56	停 56	偽 56	脩 56	偓 56
厠 56	副 56	婁 56	姬 56	婆 56
婺 56	婁 56	國 56	常 56	彩 56
堂 57	尉 57	崑 57	崇 57	崔 57
密 57	寄 57	寇 57	宿 57	啖 57
商 57	康 57	庲 57	得 58	從 58
張 58	巢 60	扈 60	猛 60	殺 60
斬 60	悉 60	惟 60	敖 61	救 61
產 61	戚 61	探 61	控 61	掩 61
掃 61	推 61	掠 61	曹 61	晦 61
淘 61	清 61	混 62	淳 62	淫 62
淶 62	淮 62	淩 62	梵 62	棐 62
梅 62	梨 62	梁 62	梓 62	翊 62
章 62	祭 63	盛 63	率 63	盧 63
眼 63	象 63	羞 63	術 63	符 63
彗 63	終 63	紹 63	異 63	蛇 63
望 63	脫 63	船 63	莊 63	莎 63
莫 63	華 64	許 64	郭 64	逍 65
通 65	連 65	野 65	雪 65	陳 65

陵	66	陶	66	陸	66	陰	66	頂	67
鳥	67	魚	67	鹿	67				

十二畫	傅	67	傀	67	博	67	勞	67	勝	67
	馮	67	寒	67	彭	67	善	68	單	68
	喜	68	喬	68	屠	68	堯	68	嵐	68
	尋	68	惠	68	登	68	植	68	極	68
	戟	68	最	68	猴	68	雇	68	揚	68
	提	68	揣	68	智	68	朝	69	焚	69
	焦	69	無	69	湖	69	溫	69	湯	69
	游	69	渤	69	湘	69	曾	69	普	70
	景	70	童	70	痘	70	粟	70	琴	70
	程	70	稌	70	硯	70	補	70	黃	70
	菖	71	菩	71	答	71	筆	72	羨	72
	絡	72	絜	72	絕	72	紫	72	舜	72
	詠	72	詆	72	註	72	遇	72	越	72
	跋	72	跛	73	賀	73	買	73	費	73
	鄉	73	邵	73	都	73	開	73	閏	73
	陽	73	隋	73	雲	73	雁	74	順	74
	項	74	黑	74						

十三畫	傳	74	寗	74	圓	74	園	74	獅	74
	嵩	74	瑞	74	聖	74	瑕	75	瑯	75
	楠	75	楞	75	楚	75	楊	75	溺	76
	溧	76	照	76	煉	76	煙	76	煬	76
	感	76	意	76	慈	76	歲	76	斬	76

新 76	禁 76	福 76	敬 76	搖 76
經 77	會 77	靖 77	義 77	碻 77
虞 77	節 77	訾 77	詹 77	誠 77
詩 77	酬 77	資 77	賈 77	路 78
跳 78	辟 78	葛 78	萬 78	葆 78
落 78	著 78	董 78	葉 79	蓑 79
葫 79	運 79	道 79	遊 79	達 80
過 80	雷 80	電 80	零 80	雍 80
解 80	鈎 80	鄒 80	鄔 80	鳩 80
頑 80	蛾 80	蜀 80	豐 81	

十四畫

僧 81	僕 81	厭 81	屬 81	嫦 81
瑪 81	瑤 81	槐 81	寨 81	槃 81
嘉 81	廣 81	廖 81	漢 81	漁 82
壺 82	壽 82	夢 82	碧 82	熊 82
遣 82	遠 82	與 82	種 82	稠 82
精 82	緇 82	維 83	絳 83	綠 83
盡 83	蓋 83	蒼 83	蒿 83	蒲 83
誌 83	說 83	聚 83	端 83	銅 83
趙 83	裴 84	褚 84	管 84	翟 84
蜚 84	鳳 84	瘟 84	爾 84	餅 84
甄 84	齊 85	聞 85	輕 85	魁 85

十五畫

儀 85	劉 85	德 87	墮 87	墜 87
增 87	摩 87	廟 87	樊 87	黎 87
潮 87	潤 87	潘 87	潛 87	稷 87

盤 87　瞌 87　鄧 87　鄭 88　慧 88

蝗 88　賞 88　賜 88　賦 88　賣 88

槲 88　橫 88　樟 88　樂 88　糊 88

窨 88　緱 88　衛 89　蔣 89　蓬 89

蔡 89　魯 89　論 89　誕 90　歐 90

醉 90　褒 90　閭 90　輪 90　餘 90

鞋 90　賴 90　駕 90　養 90　墨 90

麩 90　髮 90

十六畫　儒 90　歷 91　寰 91　壁 91　贏 91

磨 91　嘯 91　學 91　獨 91　憶 91

辨 91　樵 91　樹 91　機 91　穆 91

稽 91　曇 91　整 92　糕 92　擔 92

盧 92　蕁 92　燕 92　衡 92　諸 92

諾 92　謁 92　諷 92　諲 92　駱 93

遺 93　鄭 93　錢 93　錫 93　隨 93

霍 93　閣 93　頻 93　頭 93　鮑 93

黔 93　龜 93　龍 93

十七畫　優 94　嶽 94　彌 94　應 94　戲 94

戴 94　燭 94　檀 94　禮 94　擊 94

擬 94　濟 94　矯 94　襄 94　環 94

谿 94　蟄 94　糜 94　衡 94　總 94

縮 94　繁 94　薊 94　蕭 94　薛 95

謝 95　避 96　霜 96　闍 96　鍾 96

隱 96　鞠 96　點 96

十 八 畫　龐 96　　歸 96　　濟 96　　禰 96　　禱 97

斷 97　　瞿 97　　蟠 97　　轟 97　　織 97

薩 97　　藐 97　　轉 97　　謫 97　　謬 97

臨 97　　雙 97　　雞 97　　雜 97　　鎮 97

關 97　　題 98　　顏 98　　魏 98　　韓 98

騏 99　　騎 99　　鯉 99

十 九 畫　壟 99　　嚭 99　　廬 99　　嬾 99　　犢 99

爆 99　　懷 99　　懶 99　　攀 99　　癡 99

蟻 99　　覇 99　　簫 99　　蘭 99　　藥 99

藍 100　　羅 100　　譚 100　　識 100　　邇 100

醫 100　　贈 100　　鏡 101　　離 101　　難 101

顛 101　　鞭 101　　麒 101

二 十 畫　嚴 101　　寶 101　　獻 101　　竈 101　　竇 101

藺 101　　藼 101　　蘆 101　　蘇 101　　邊 102

醴 102　　觸 102　　釋 102　　饒 102　　黨 102

廿 一 畫　灌 102　　攝 102　　爛 102　　續 102　　護 103

酆 103　　露 103　　鐵 103　　顧 103　　鶴 103

廿 二 畫　權 103　　鷟 103　　聽 103　　籛 103　　讀 103

驅 103　　龔 103

廿 三 畫　劙 103　　欒 103　　鑑 104　　顯 104

廿 四 畫　蠶 104　　讓 104　　讖 104　　靈 104

廿 五 畫　觀 104

廿 六 畫　讚 105

廿八畫　鑿 105

廿九畫　鬱 105　　驪 105

一　畫

一人不得稱僧　13-280

一目九仙　17-1138

一行禪師　2-283

一神人道傳墨子　8-1003

一瓢道人　17-1277

二　畫

二十八宿　11-6

二十五聖　11-57

二十八宿姓　12-29

二十八宿各星星君　18-187

二月十六日夜作　17-1479

二月三十日夜作　17-1480

二孝女　3-386

二郎　19-593

二郎神　11-22

二郎神有二　13-85

二高士　8-1363

二張仙翁　5-635　17-1170

二漁人　5-484

丁少微　5-623

丁令威　4-965-105　6-41
　8-1741　17-485

丁令威化鶴遼東　8-1741

丁令威歌　17-1447

丁秀英　5-145　17-536

丁叔英　7-248

丁淑英　17-982

丁祭用二仲上丁始於唐　13-27

丁善淵　17-1156

丁義　4-259　5-145　17-457

丁實　17-785

人日　19-506

人妖　19-401

人身諸神名　12-415

人間可哀之曲　武夷君　17-1440

人室皆亡　17-1621

入空同廣成授道　8-463

入天臺劉阮奇逢　8-1507

入道至人賦　謝靈運　17-1372

入華山訪隱者經仙人石壇　李益

17-1529

了仙謠　貫休　17-1557
了機　17-1307

七十二福地　8-2443
七夕　19-514～516
七月二十六日夕喻作令與許長史
　17-1472
七月十八日夕授詩與許長史兼及
　掾事　17-1475
七月二十六日所喻　17-1476
七月二十八日夕授此詩以與許長
　史　17-1476
七月十五日夜清靈眞人授詩與許
　玉斧　17-1486
七言四十三首　呂巖　17-1547
七佛　11-54
七姑子　12-337　15-75
七星巖龍神聽樂　8-625
七傷官　12-427
七隱士　8-1003

八公　5-132　17-267
八公操　劉安　17-1446
八仙　11-65　14-455
八仙小史　19-336
八仙有二　13-214

八仙無何仙姑　13-213
八仙原始　13-197
八字娘娘　12-332
八赤五相　12-312
八卦敎　19-419
八蜡　19-553
八蜡之說不同　13-100

九山府君　12-248
九天玄女　7-84　19-502
九天使者　9-271
九天僕射夷齊　12-218
九天應元雷聲普化天尊　12-42
九元子　17-172
九月六日夕喻作示許長史并與同
　學　17-1473
九月九日喻作因許示郗　17-1473
九月六日夕喻作與許侯　二首
　17-1477
九月九日作　17-1477
九月十八日夜作　17-1477
九月三日夕喻作令示許長史
　17-1476
九月二十五日夜作　17-1478
九州神主阮使相公　12-263
九尾狐　19-531
九相公　13-114
九郎聖王　12-300

九眞廟　12-174

九原丈人　11-74

九華安妃　7-250

九華眞妃　11-69

九梁煞　九梁星　12-426

九源丈人　17-338

九鼎　19-360

九頭鳥　19-531

九鯉湖仙　2-313

九鯉湖神　3-204

九顯靈君　11-13

十二仙　12-343

十二棋卜　17-1588

十八羅漢　12-447

十八阿羅漢　11-55

十八尊阿羅漢　3-160

十八地獄　13-139

十二月一日夜作與許玉斧
　17-1471

十月十八日作　17-1473

十月十七日作與許侯　17-1478

十月二十日授　二首　17-1478

十三佛　11-56

十大明王　3-156

十大弟子　11-57

十六羅漢　12-445

十王　11-53

十地閻君　3-158

十洲記序　東方朔　17-1351

十殿閻王　12-416

十殿閻王之說始於宋　13-128

十殿閻王　閻羅王　14-299

十試不折鶴嶺遊　8-2317

卜將軍　12-233

卜筮　19-83～134

卜筮的官僚　19-91

卜筮的流毒　19-122

刀山獄　18-293

又六首　17-1494

又叙元隴之遊　17-1472

三　畫

三十三天　12-9

三尸神　11-71　12-415

三元大帝　1-36　2-38

三天法師　12-18

三天金闕門下　12-18

三世諸佛　11-56

三休　17-1272

三仙入月　17-1639

三合會　19-424

三姑　11-50

三姑廟　吉陽廟　12-341

三官　11-60　12-25

三官　三元　14-513

三沼夫人　12-328

三皇時仙姑　17-105

三相　11-73

三茅君　佑聖眞君　14-489

三茅眞君　1-68　2-78　3-104
　　11-61　12-61

三師星　18-249

三清　11-59　12-10　14-155

三清衆聖　12-11

三敎之說之妄　13-294

三聖廟　12-19

三餘帖　半陽泉　17-1582

兀眞里神龍出世　王屋山太乙指
　　迷　8-2173

大人先生傳　阮籍　17-1358

大人賦　司馬相如　17-1351

大千圖說緣起　18-23

大千圖說總論　18-35

大千圖說凡例　18-31

大玄女　5-1-61

大奶夫人　2-178　11-33

大成子　17-48

大志禪師　2-271

大臣被貶　19-317

大宗師　17-1327

大茅君　8-1435　9-113

大茅和尙　6-368

大茅君泰山獲偶　8-1435

大梵寺慧能說法　8-2335

大禹　8-643

大陳小陳　17-1314

大聖山王　12-301

大慈大悲更生如來　13-431

大腹子　17-1267

大遊仙詩　歐陽炯　17-1559

大瓢李　17-1245

大隗氏指明三一　8-409

大羅天　18-45

上己日　19-508

上巳辰三泖棹歌　8-2911

上元夫人　4-59　5-34　5-1-21
　　7-81　11-68　17-253

上元夫人　李白　17-1523

上元一品大帝　3-46

上方山五顯本顧姓　12-60

上支大王　12-292

上天星辰連袂來　8-2479

上仙夫人　12-327

上主系自有　16-27

上成公　4-164　5-191　17-387

上官道人　5-551　17-1063

上昇歌　吳涵虛　17-1560

上界論　18-41

上界目錄　18-43

上虛夫人　12-329

上淸天　18-57

上淸高聖太上玉晨大道君　17-34

上淸眞人總仙大司馬長生法師主
　三天君　17-36

上黃先生　17-172

下元三品大帝　3-50

下元金籙道場靑詞　張元晏
　17-1410

下中條玄女除妖　8-373

下界論　18-283

下界目錄　18-289

乞兒　17-1593

乞食公歌　幷序　17-1442

小有眞人王君常吟詠　17-1483

小眞　17-917

小麻姑釀酒化頑　8-1939

小遊仙三首　王澤　17-1573

小遊仙詞六首　楊維楨　17-1570

山人　19-324

山中美女　7-488

山中道士　17-1004

山世遠　17-299

山神　11-14

山鬼　19-386

山圖　5-622　17-330

山練師　17-304

子曰務民之義敬鬼神而遠之可謂
　知矣　18-21

子主　17-214

子英　4-190　5-221　5-1-112
　17-348　17-654

子產　19-402

于吉　5-221　5-1-113　17-437

于梓人　17-1208

于道士　17-1040

于濤　9-347

于闐國異寶　17-1684

干大　17-468

女几　7-141　17-573

女仙　11-67

女靑　12-424

女郎廟　12-340

女偶　7-131

女媧　8-301　19-493

女媧補天扶正炁　8-301

川主　10-10

川澤師　池神　漢神　洛神　太
　湖水神　14-717

土公　12-271

土主　10-11

土主廟　12-262

土地　11-19　12-269　13-135
　14-291　19-556

土神　11-74

土星　18-235

凡八兄　9-281　17-657（附楊
　德祖）

凡天地之數五十有五此所以成變
　化而行鬼神也　18-17

弋武將軍　12-235

亡國的　19-284

千手千眼觀音　13-244

千勝將軍　11-27

千勝小王　12-147

尸解　17-1647　17-1651

四　畫

中山夫人　12-325

中山永定公劉太尉　12-208

中元　19-516

中元一品大帝　3-48

中元節救母事不獨目蓮　13-271

中天王寶元靈元老君　17-45

中央黃老君　17-41

中斗星　18-154

中和堂主人　17-1638

中侯王夫人　7-130

中侯夫人詩三首　幷序　17-1469

中界論　18-137

中界目錄　18-138

中秋　19-519～520

中堂神王　12-391

中國始聞釋教　16-104

中條山老彭遇救　8-751

中嶽　1-44　2-54　3-62　11-14

中嶽仙人洪先生授詩　17-1503

五方神　11-17

五方之神　2-162　3-66

五方鬼帝所治山　13-422

五戶將軍　12-234

五仙女　17-1010

五代之帥　12-222　15-39

五代時釋教　16-120

五司徒　15-27

五仙授周子良詩　17-1502

五仙臣同登漢殿　8-1363

五仙觀　17-1643

五百羅漢　12-448　13-249

五行神　11-17

五老　8-175

五岳之神　8-2479　12-87

五郎　12-307

五帝　11-5　19-550

五星　11-6

五通　10-31　12-307　19-592

五通神　11-73

五雷　12-45

五雷神　2-328

五道　10-31

五路神　12-392

五部神　12-392

五道將軍　11-74　12-241

五盜將軍　1-130　2-158　3-390

五聖始末　1-50　2-60　3-114

五聖　12-310　14-517

五聖五顯卽五通　13-148

五遊篇　曹植　17-1455

五瘟使　11-77

五瘟使者　1-128　2-152　3-388

五龍　12-98

五嶽　11-11　14-529　19-533

五嶽將軍　11-11

五嶽神姓名之僞　13-67

五鎮神　11-14

五顯　10-19

五顯靈君　11-35　12-56

王十八　17-788

王子喬　4-74　5-51　5-1-46
　　6-345　8-931　8-949　17-140
　　17-1499

王子喬碑　蔡邕　17-1354

王子喬贊　陸機　17-1368

王子喬　劉向　6-345　17-1452

王子喬行　高允生　17-1504

王子喬　高允　17-1506

王子喬　宋之問　17-1526

王子晉　11-69

王子晉讚　謝靈運　17-1373

王子胥登仙之僞　13-229

王子芝　9-361　17-984

王子淵　8-1435

王方平　8-1615

王子遙　17-479

王士能　17-1192

王元帥　2-173　11-9

王元甫　17-517

王玄甫　4-319　5-335

王文卿　5-517　17-1091

王中倫　5-606

王太虛　9-359　17-942

王女　7-330

王氏　17-980

王氏女　7-458　8-2911　17-955

王太傅道逢二士　8-1255

王玄眞　5-232

王四郎　4-434　5-439　17-908

王予可　17-1155

王玉山　17-1302

王可交　4-362　5-404　9-205
　　17-947

王仙柯　17-681

王仙師　12-86

王仙姑　17-1178

王母　8-697

王母使者　17-256

王母歌　韋應物　17-1528

王母贈魏夫人歌　17-1462

王母歌　李頎　17-1514

王仲都　4-171　5-189　17-318

王老　4-197　5-202　5-1-106
　　9-333

王仲高　17-268

王安石　19-207

王永齡　17-1124

王省幹宅遇仙丹　17-1634

王宇灑血　19-389

王次仲　5-607　8-1201　9-49
　　17-174

王守中　17-1237

王先生　17-1218　17-919

王全眞人　17-1010

王江　17-1062

王充論衡　17-1336

王妙想　7-193　9-467　17-343

王杞　17-937

王季文　17-943

王知遠　5-350

王明志　17-1139

王表　17-435

王賈　9-283　17-991

王抱臺　7-254

王奉仙　7-255　17-951

王和平　17-395

王長史　17-467

王法進　7-323　9-415　17-751

王延　4-331　5-355　17-636

王長　5-204

王昱　5-370　17-720

王昌遇　5-422

王奎　17-1214

王勑　17-1230

王叟　17-1000

王思眞　17-386

王保義女　17-1028

王侍辰　2-317　3-124

王客　17-1051

王倪　4-56　5-40　5-1-29
　　8-481

王高二元帥　2-192

王眞　4-132　5-134

王烈　4-255　5-277　8-1759
　　9-97　17-476

王眞人　17-1228

王珣　19-171

王莽　19-147

王莽時　19-198

王處納　19-216

王皎　4-380　17-755

王處　4-501　5-564

王梵志　5-235

王郭二仙　17-475

王探　17-214

王敫道　17-1131

王處一　17-1150

王喬　4-193　5-217　5-1-109
　　9-65　17-363

王無二　17-1170

王瑗遇鬼　17-1663

王溫　17-1135

王進賢　7-231

王畫龍　5-517

王筌得術不得財　8-3109

王越　17-1308

王順　17-353

王帽仙　5-372

王帽子　17-1012

王鼎　5-496　17-1053　17-1207

王敬則　19-156

王道眞　4-318　5-303

王敬伯奇逢道友　8-2245

王顯　8-3037

王當陽　5-641

王暉　5-608　17-436

王嗣昌　17-1098

王道人　17-1254

王槐　17-1232

王綱舉　17-1310

王蒙道人　17-1131

王齊祥　17-1050

王遠智　9-229　17-663

王遠宴麻姑蔡經宅　曹唐
　　17-1555

王瑤　12-79

王瑋元　17-349

王遠　4-217　5-218　9-75
　　17-370

王嘉　4-277　5-336　17-517

王瑋玄　4-82　5-55（王偉玄）

王遙　5-372　9-105　17-474

王質　4-256　5-268　6-111

王襃　4-172　5-187　5-1-94
　　17-312

王襃諫漢宣帝　19-306

王魯連　7-250

王樂仙　17-1082

王總管　17-1142

王曇陽　4-527

王錫　17-943

王蔓　8-2839

王興　4-133　5-139　17-303
　　17-1102

王嚞　4-485　5-546　17-1145

王纂　5-611

王靈輿　7-564

王靈官　10-18　11-61　13-258
　　12-55

天　11-5

天下　17-1333

天上玉女　17-1660

天上謠　李賀　17-1544

天王　2-345　3-150　14-617

天王堂　13-261

天王星　18-237

天台二女　4-195　7-276　9-479

天仙上天　18-93

天仙中天　18-97

天仙下天　18-101

天地　19-548

天后　19-564

天地人類有始徵一　16-22

天妃天后　14-377

天妃　3-358　11-27　12-107

天妃娘娘　2-181

天妃有三　13-69

天妃本末　13-70

天妃非女　13-74

天地水三官　13-74

天吳　12-100

天牢星　18-257

天床星　18-251

天門子　17-417

天門守衛　11-8

天舍星　18-255

天門三將軍　12-17

天狗　17-1686

天門都督　12-223

天虹星　18-261

天竿星　18-277

天竿星　18-281

天師　11-63

天笛星　18-267

天笿星　18-275

天理教　19-210　19-413

天將王靈官隆恩眞君薩守堅崇恩
　　眞君　14-643
天象運旋不爽徵二　16-26
天鼓星　18-271
天道　17-1330
天道將軍　12-235
天樂星　18-279
天隱子養生書　17-1349
天簫星　18-273
天鐘星　18-269
天聾地啞　12-42

太一　14-665
太一之精　17-1582
太一元君　7-56
太乙　3-68
太乙司徒　12-214
太山老父　4-145　5-142　5-1-
　　90　6-345
太上老君　5-1-16　8-2227
　　12-14
太上老君有二　13-182
太上道君　17-33
太上宮中歌　魏夫人　17-1464
太上導仙銘　17-1439
太子廟祀張巡之誤　13-115
太元女　17-415
太玄女　4-105　5-111　7-142

太白左掩洞老父　17-741
太白仙人下岷峨謠　王夢應
　　17-1566
太宗論詞臣實神仙之職　17-1650
太昌丐者　17-1165
太姥　8-1147　17-110
太素眞人　3-132
太眞王夫人　4-59　5-33
　　5-1-19
太眞夫人　9-455　17-381
太陰女　4-104　5-110　5-1-60
　　7-139
太陰夫人　7-341　9-501
太清天　18-61
太清眞人　17-1602
太虛眞人常吟詠　17-1483
太陽子　4-102　5-108　5-1-59
太陽女　4-103　5-109　7-138
太湖水神　14-717
太極　14-39
太極正解　16-183
太極說非古儒正旨　16-177
太極眞人歌　17-1461
太極判化生五老　8-175
太尊星　18-247
太陽子　8-895
太陽星系　18-198
太陽星論　18-198

太陽系總論　18-201

太倉公　8-1273

太微天帝君　17-38

太微元清左夫人北淳宮中歌曲
　　17-1484

太歲　12-424　14-675　19-551

太歲非凶　10-23

太歲殷元帥　2-230

元天二女　17-167

元元皇帝應見賀聖祚無疆　殷寅
　　17-1512

元君　17-172

元始天尊　11-60　12-11　13-
　　185　14-151

元始眞人　17-23

元始天王　元始十天王　12-12

元熙　8-3235

元俗　17-364

元俗頌　曹植　17-1357

元眞子　17-781

元倉子　4-79　5-54

元珪禪師　2-276　6-267

元時釋敎　16-124

元時道敎　16-158

元陽子　17-534

元順帝　19-271

元順帝時　19-208

元都先生　17-339

元混一訪數皇極　8-3397

元徹　4-429　5-440　17-901

元應善利眞人王喬　12-79

元機通　答或問飛昇有諸　17-
　　1657

元藏幾　9-185

不壞天童金箔張　8-3559

不饞酒　17-1588

水仙賦　陶弘景　17-1378

水仙太保　12-213

水平王　12-186

水神　2-333　3-206　14-710
　　14-717

水星　18-205

水府三官　10-33　11-13　12-
　　121

水草大王　11-23　12-298

水庵一禪師　6-369

水餃　19-506

水精天　18-73

水簾洞仙　17-1303

火牛　19-384

火坑獄　18-301

火祖　12-53

火神　11-18　14-709　19-588
火葬　19-79
火精　3-338
火德之神　12-53

木叉　12-453
木公天　18-69
木公　5-31　5-1-17　9-21
　12-16
木羽　17-334
木居士　3-344
木星　18-233
木牌王　12-386
木龍　12-412

介之推　17-139
介象　4-228　5-226　5-1-116
　9-133　17-442
介琰　4-239　5-231　17-444

文中子答長生神仙之道問　17-
　1651
文斤　5-338　17-512
文氏女　17-891
文曲星　武曲星　12-41
文志矩　17-1228
文昌　11-24　13-37
文昌神　12-32

文昌帝君　14-191
文昌雜錄　17-1616
文始眞人　吳筠　17-1520
文貞公杜甫　12-180
文章九命　17-1656
文節昌平侯劉賁　12-180
文賓　17-348
文廣通　9-187
文慧通　17-538
文廟祀典原始　13-11
文簫　4-305　5-282　8-2839

孔子　14-61　17-1647
孔子弟子列仙高士皆七十二人
　17-1646
孔子繼統　16-42
孔元方　9-95　17-413
孔元　5-547
孔安國　9-129　17-301
孔丘明　5-116　17-182
孔宣父　17-1671
孔莊葉三女仙　17-771
孔師居　17-1244
孔道士　17-1313
孔叢子　17-1334

尹山人　17-1233
尹氏女　17-816

尹道全　17-479

尹用　17-968

尹君　17-969

尹思　8-1813　17-476

尹軌　太和眞人　4-95　5-65
　5-1-55　9-131　17-127

尹眞人　8-877　12-76　17-648

尹眞人一過周都　8-877

尹澄　4-156　5-132

尹喜　文始先生　4-85　5-58
　5-1-54　6-33　8-823　17-126

毛女　4-116　5-114　7-149
　11-69　17-181　17-1626

毛仙翁　17-936

毛冲道人　17-1168

毛伯道　4-164　5-191　5-1-96

毛相國　19-44

毛海泉　17-1181

毛道人　17-1110

方士　17-1631

方士僞託　12-374

方士柳泌作縣知事　19-314

方丈山　17-1642

方丈臺昭靈李夫人詩三首　並序
　17-1470

方五　17-1626

方回　4-165　5-192　17-109

方諸靑童歌　17-1461

方諸曲　謝燮　17-1506

方諸宮東華上房靈妃歌曲　17-
　1483

方諸靑童君　17-1540

方諸會衆聖稱觴　8-2497

方燧　17-1259

方儲　17-364

方嚮女　17-767

少女偕槃孤南封　8-517

少年道士　17-1598

少林寺僧　13-280

少室仙姝　7-421

少室山韋鍊師昇仙歌　皇甫冉
　17-1526

少康　8-661

支壘大王　12-292

牛王　10-22

牛僧儒　19-165

牛頭大王　12-295

牛頭馬面　10-36

巴卭人　9-319

戈府君　12-248

日月　11-5
日華君　17-966

月中桂　19-520
月中兔　19-520
月中蟾蜍　17-1658
月支使者　17-257
月老　19-502
月光童子　17-1009
月光道人　17-1238
月明和尚駝翠柳之誤　13-267
月華君　17-966

今之左道　19-489
今存經籍未備性教大道　16-195

弔筋獄　18-323

尤時亨　19-57

六十花甲　11-20
六丁神　11-71
六月二十三日夜作　17-1470
六神之說不同　13-102
六神眞身　12-456

公主山朱履　17-1584
公民呈文　19-413
公孫卿　17-339　17-1448
公孫璞　17-1590
公葬　19-75

井妖　19-403
井泉童子　11-19　12-269

殳基　17-1008

凶神　19-587

分水龍王　11-29

升天行　曹植　17-1455
升天行　劉孝勝　17-1501
升天行　盧思道　17-1508
升天行　僧齊己　17-1557
升仙謠　吳龍翰　16-1566

內階星　18-259
內經眞諺　17-1439
內養眞詮　6-354

丹砂符　17-1616

仇生　17-115

仇先生　5-195

仁靖公微子　12-177
仁獻公箕子　12-178
仁顯忠烈公比干　12-178

化人　17-131

勾曲山　17-1647
勾踐　19-157

五　　畫

玉子　4-100　5-1-58　9-51
　　5-107　17-137
玉女　7-297　11-67
玉女杜蘭香下嫁於張碩　曹唐
　　17-1556
玉册三十六洞天　8-2443
玉仙謠　阮孝思　17-1569
玉卮娘子　7-305　17-1677
玉皇大帝　11-61
玉皇君　12-16
玉皇上帝　1-16　2-13　3-28
　　14-159
玉屑飯　17-1597
玉眞　8-481
玉眞仙人詞　李白　17-1523
玉清天　18-53

玉清仙子　8-2353
玉源夫人　7-504
玉樞天　18-89
玉蕊院女仙　7-428　17-1677
玉甕　19-372
玉關上帝　14-165
玉灘仙女　7-594

平水王　12-186
平仲節　17-517
平常生　17-172
平陵東　曹植　17-1456

史通平　17-355　5-145
史儼　8-1057

玄女　8-373
玄天上帝　1-26　2-28　3-78
　　14-167
玄天二女　7-103　11-68
玄仙道君侍女　11-68
玄牝歌　6-358
玄俗妻　7-168
玄眞子　6-131　9-259
玄奘禪師　2-273
玄陵三郎　12-304
玄陵四郎　12-304
玄壇　11-24　12-394

玄壇神趙公明　13-95

玄關雜記　6-354

北斗　11-7　12-27

北斗星　18-146

北斗七星眞人　17-1607

北方五靈元老君　17-42

北極佑聖神威玄天上帝　14-167
12-21

北極驅邪院　2-323

北極驅邪院左判官　3-84

北極星系　18-243

北極星論　18-243

北極星系總論　18-245

北極星系全圖　18-246

北嶽　1-44　2-53　3-60　11-15
12-16

北嶽眞君　12-69

四大金剛　12-451　13-255

四大明王　12-280

四天王　12-451

四月十四日作　二首　17-1474

四月十四日夕吟歌　二首　17-
1480

四月二十二日夜作　三首　17-
1475

四金剛　11-52

四海神　11-11

四海之神　12-97

四海神及夫人姓名之僞　13-68

四眞　17-1594

四眞人降魏夫人歌五首　17-1460

四聖廟　12-20

四道明王　12-278

四餘　11-7

四澤明王　12-280

四瀆　1-46　2-56　11-15

四瀆神　3-64

四難　黃憲　17-1354

永泰王　12-150

永泰王廟　12-148

永寧昭惠衞國保民五聖顯應靈官
12-58

永壽眞人張仙公　17-1165

占出四位宰相　19-109

兄弟相持　19-51

司命竈神　1-126　2-154　3-406

司命非竈君　13-104

司命君　17-812　9-255

司馬眞人　6-109

司書鬼　11-78

司馬光　19-68

司馬子微　17-1649

司馬光玉　17-817

司馬季主　4-144　5-127　5-1-
　78　17-209

司馬季主　吳筠　17-1521

司馬承禎　4-357　5-373　9-
　215　17-700

司馬凝正　17-945

石八娘　11-39

石三泉　17-1320

石氏女　7-481

石元帥　2-202　11-32

石巨　9-323

石仲元　5-625

石言　19-532

石坦　5-548

石垣　17-531

石神　3-322

石泰　4-455　5-501　8-3163
　17-1095

石信將軍　12-235

石函人　17-1593

石敢當　19-568　15-99

石魚娘子　12-332

石堂山麻衣成道　8-2047

石笥夫人　12-321

石敬塘　19-119

石傳薛西來微意　8-3163

石鼓歌　張麗英　17-1444

石慶安先作詩　17-1482

石龜　3-326

石鐘眞人　17-352

石㻬　17-1663

田子方　17-1333

田先生　8-2713

田守忠　17-1276

田志亨　5-639

田呂元帥　2-197

田相公　12-414

田眞人　17-1011

田純靜　17-1130

田華畢元帥　2-194

田道人　17-1315

田端彥　17-1078

田鸞　17-890

白八郎　12-303

白水素女　3-364　7-287　17-
　1663

白水院童子　17-659

白玉函天寶呈祥　8-2515

白玉蟾　4-482　6-155　8-3343
　17-1100

白石生　4-120　5-121　5-1-72
　6-49

白石先生　9-71　17-116

白石大王　12-299

白衣會　19-422

白衣觀音　12-438

白衣觀音之誤　13-246

白生飄至遊春臺　8-2677

白沃使君　12-267

白居易　4-374　5-408

白眉神　12-414

白幽求　8-2677　9-355

白帝子歌　17-1438

白馬三郎　12-304

白馬廟　12-404

白馬將軍　12-236

白馬相公　12-264

白馬大王　12-298

白皎　17-920

白雲　17-1500

白雲行　鮑照　17-1496

白鹿巖　17-1610

白鳳銜書　17-1669

白雲片鶴　17-1089

白道元　17-1140

白楊禪師　6-366

白蓮教　19-408

白雞　15-71

白樂天　9-377

白髮道人　17-1641

白龜年　4-374

白鶴道人　4-329　5-355　17-
　563

白鶴仙子　17-1677

丙穴道人　17-182

丙寅二月二十日歌三首　17-1474

丙寅二月九日夜作　17-1479

代昇天行　鮑照　17-1495

去留馨　17-1209

右英吟　17-1477

右英吟　二首　17-1480　17-
　1481

右英引大洞眞經　17-1486

右英王夫人　7-92

左元澤　17-963

左元放道師子訓　8-1633

左道　19-407～490

左慈　4-244　5-233　5-1-119
　6-97　9-109　17-409

左徹　17-103

布袋和尚 6-289 12-456 6-365

尼姑 13-282

衣服神 11-73

古丈夫 4-115 5-114 5-1-65
古風六首 李白 17-1524
古時葬不擇地 19-31
古無極 17-1122
古意 常建 17-1527
古塚女子 7-473
古儒大旨 16-98

爾朱眞人 17-950

台州府城隍 12-261
台州蛇姑 7-486

甘大夫 3-268
甘始 4-451 5-496
甘卓 19-163
甘戟 5-296
甘需 17-167
甘凝 17-1013
甘戰 17-470
甘興霸廟 12-171

甘露 19-374
甘露仙 17-1302
甘將軍廟 12-227

立化神女 17-1638

矛神 11-78

弗于逮再成聖果 玉清宮剖析根
源 8-247

皮場大王 12-283

卬疏 17-170 17-1451

印板創始 16-57

冬至詞 6-358
冬至小參文 6-357

生日 19-512
生生二肆之符 17-1686
生生道人 17-1323

世界宗敎大同會 19-426

仙人春宴曲 王庭珪 17-1564
仙人跡 17-1688

仙人篇　曹植　17-1456

仙人乘鶴　17-1598

仙人見於羅浮山寺　17-1590

仙人吹笛　17-1599

仙女奕棋　7-438

仙山　17-1588

仙山二首　庾信　17-1507

仙女詞　施肩吾　17-1542

仙女鋪　17-1634

仙子送劉阮出洞　曹唐　17-1554

仙子洞中有懷劉阮　曹唐　17-1554

仙尼淨秀　7-614

仙名別見　13-231

仙谷遇毛女意知是秦宮人　常建　17-1526

仙宗十友　12-347

仙客　簡文帝　17-1498

仙客歸鄉詞二首　施肩吾　17-1541

仙桐道人　17-1272

仙翁詞　施肩吾　17-1542

仙興　鄭思肖　17-1567

仙興　吳惟信　17-1566

仙桃　17-1641

幼伯子　17-173

主柱　17-332

包眞人　17-1128

失意的　19-279

巨靈　11-14　19-594

丘了顗　17-1280

丘長春　17-1040

丘處機　4-498　5-556

丘駝　17-1325

由吾道榮　17-635

申天師　12-87

申元道　17-1078

申元之　4-391　9-287　17-721

申仙　17-1157

申泰芝　17-722　5-415

申將軍　12-237

申屠有涯　5-504　17-1002

氾人　17-1592

六　畫

任生　17-1019

任光　17-166

任風子　5-585　17-1237　　　　全用誠　17-1323
任將軍　17-1126
任敦　17-549　17-340　　　　　冲虛眞人　17-1519

休留大王　12-294　　　　　　　先儒正眞　16-176

仲宣禪師　6-361　　　　　　　　交趾道士　5-334

仰山龍神　3-318　　　　　　　　列子　4-82　5-57
　　　　　　　　　　　　　　　　列子禦風賦　紇干俞　17-1401
伊用昌　8-2209　8-2965　9-443　列女　11-84
　17-967　17-1561　　　　　　　列仙賦　陸機　17-1368
伊祁元解　17-906　　　　　　　　列仙傳序　劉向　17-1353
伊祁玄解　4-401　5-438　　　　　列仙詩四首　孟郊　17-1540
伊祈玄解黃牝馬　8-2731　　　　　列禦寇　5-1-52

伍子胥為潮神之謬　13-83　　　　回先生諸方顯化　8-3073
伍王　11-22
伍守靜　17-1215　　　　　　　　向王　3-350
伍胥廟　12-164
伍相大王　12-293　　　　　　　　后土　14-243
　　　　　　　　　　　　　　　　后土正神　12-273
伏波將軍　3-262　　　　　　　　后土皇地祇　1-24　2-26　3-34
伏虎茅司徒　12-215　　　　　　　后啓遊天佩玉璜　8-661
伏虎嚴二仙　17-1637
伏馱密多尊者　6-211　　　　　　同善社　19-450
伏魔大帝　19-581

　　　　　　　　　　　　　　　　合藥詩　公孫卿　17-1448

各府州縣不宜建東嶽廟　13-62

吉志通　5-640
吉神　11-49

吃素　19-472

好了道士　17-1241
好道拜樹　17-1631

如意托胎生帝子　8-265

守三尸大限難免　8-2821
守堅知赤腳臨凡　8-3055

宇文覺　19-952

安丕師　6-367
安邦大王　12-289
安昌期　17-1057
安度明　17-1541
安期生　4-123　5-122　5-1-74
　6-51　8-1165　8-1345
　17-177　19-332
安期生九年丹就　8-1165
安期生普陀求方　8-1345
安祿山　19-396
安道士　17-550

安濟夫人　12-329
安翁　17-1638

朱子眞　17-768
朱友　17-1054
朱元帥　11-42　2-221
朱六郎　12-265
朱司徒　12-213
朱仲　4-124　5-123　5-1-75
　17-195
朱有　5-504　17-1062
朱衣神　12-41　13-50
朱全忠時　19-205
朱希常　17-1087
朱舍大王　12-293
朱風子　17-1307
朱相公　11-28　11-39
　12-265
朱桃椎　17-655
朱桃椎讚　薛稷　17-1396
朱庫　17-533
朱將軍　12-232
朱溫　19-36
朱蒲包　17-1297
朱橘　4-479　5-561　17-1294
朱璜　4-139　5-128　5-1-79
　17-303
朱孺子　4-246　5-232　17-450

朱瘝　17-1270

地仙　17-1598
地獄　13-137
地獄異說　12-422
地臘　19-511
地藏王　14-319
地藏王菩薩　2-303　3-152

在理敎　19-420

有古大先生　17-48

牟羅漢　5-633

灰袋　5-609
灰袋道人　17-756

托塔天王　12-453　13-262

死人的　19-287
死人再生　17-1635

江州城隍　11-23
江妃二女　4-161　5-198　5-1-
　101　7-147
江老軍　17-1317
江海賦　許商　17-1594

江東廟　12-166　12-227
江東靈籤　3-292
江神　11-13　12-113
江叟　4-442　5-434
江潮　19-539
江蘇省令　19-452

曲仁里老子臨凡　8-733

次丁瑋寧作詩　17-1482
次張誘世作詩　17-1482
次許玉斧作詩　17-1482

成公　17-1645
成公智瓊　7-203
成仙　19-295～350
成仙公　9-139　17-395
成功興　5-348
成佛　19-241～294
成佛的生涯　19-275
成眞人　17-747
成無爲　17-715
成湯時　19-189

百蟲將軍　11-21　12-230

血地獄　18-303

艾蒜菖蒲　19-511

羊祐　19-55

羊愔　5-477　17-973

羊權　17-515

行路難　孟雲卿　17-1527

行遁甲枉施匕首　8-3091

至聖炳靈王　1-40　2-44　3-120

竹王　3-352

自在禪師　6-367

西土二十七祖　11-54

西山羣山記序　施肩吾　17-1408

西王母　1-22　3-42　4-57　5-
　　32　6-19　8-229　9-447　10-
　　32　11-47　14-443　17-27
　　19-334

西王母侍女　11-68

西王母廟　12-312

西王母之說不一　13-192

西王母姓名亦不一　13-195

西王母吟　17-1441

西王母又命答歌　田四妃　17-
　　1446

西王母宴漢武帝命歌元靈之曲二
　　首　法嬰　17-1445

西斗星　18-152

西方皓靈皇老君　17-41

西河少女　7-144

西官七郎　12-305

西門君　17-176

西風大聖廟　12-301

西城眞人王君常吟詠　17-1483

西眞仙子　7-502

西域僧禪師　2-299

西極摠眞君　17-121

西陽子　17-1132

西海巨槎　17-1658

西湖詩寺　17-1625

西楚覇王　3-230

西嶽　1-42　2-50　3-58　11-15

西嶽眞人　3-130

西靈王母　2-24

老子　4-45　5-27　8-733　9-15
　　12-14　17-76　19-329

老子化佛　13-183

老子爲商容弟子　13-184

老子遇尹喜不在函谷關　13-184

老子贊　阮籍　17-1366

老子贊　孫綽　17-1368

老子認李淵爲一家　19-308

老氏碑　薛道衡　17-1387

老君　6-13　8-1147　11-62　14-95

老郎廟　12-413

老道人　17-1626

老圃　19-223

老聃非今亳州人　13-181

老彭　8-751

邢子　17-334

七　　畫

住宅土地　12-273

伯山甫　17-269

伯佐　11-82

伯陽父　8-877

伯聯　17-527

伯醜　8-2191

伽邪舍多尊者　6-225

佑聖眞君　1-40　2-47　3-122

佑聖咒　12-22

作惡的不遵占卜　19-92

余子窮愁感薑叟　8-3361

余仲宇　17-1265

余玠　8-3361

余使君廟　12-251

余道人　17-1254

余隱元　17-1042

何二娘　7-295　17-746

何王大王　12-290

何氏九仙　5-482　17-401

何公晃　17-1300

何以潤　17-1225

何令通　5-481

何仙姑　4-418　5-423　6-95　7-366　12-359　17-697

何仙姑之說不一　13-211

何志純　17-679

何舍信王　12-301

何宗元　12-79

何侯　4-57　5-40　5-1-30　17-110

何晏　19-163

何紫霄　17-182

何寧　17-1289

何璘　17-1229

何懷寶　17-679

佛老長生之僞　13-299

佛老誕妄　16-166

佛陀難提尊者　6-209

佛陀耶舍禪師　2-251

佛者九流之一家　13-289

佛骨之僞　13-277

佛經的怪誕　19-272

佛圖澄　6-301　8-1885

佛道神　19-569～574

佛馱跋陀羅禪師　2-256

利市仙官　利市婆官　12-394
　19-585

利市　11-49

利隱侯　12-204

利濟侯金元七總管　12-242

冷謙　4-524　5-583　17-1202

兵器神　11-72

匡大郎　5-369

匡俗　17-196

匡智　5-369

匡裕　4-63　5-43

匡續　4-68　5-46　5-1-40
　17-126

孝文帝問道河濱　8-1291

孝祐夫人　12-316

孝道明王　17-464

孝道重再世成仙　8-1849

孝烈將軍　3-372

孝經來歷　16-88

孚中翁終南受道　8-3253

孚祐溫元帥　2-218

孚德廟正肅英烈王張鉉　12-191

孚應昭烈王　12-147

呂才　19-70　19-220

呂氏　17-1003

呂生　17-1107

呂洞賓必有此人　17-1655

呂洞賓渡柳仙之訛　13-203

呂洞賓著書之僞　13-201

呂洞賓遊黃鶴樓之訛　13-202

呂翁　17-1624

呂翁非洞賓　13-200

呂尚　4-66　5-44　5-1-37

呂疙瘩　17-123

呂純陽　6-85　8-2317　12-350

呂恭　4-187　5-259　17-414

呂眞人　17-827

呂陶　17-1076

呂貧子　17-1304

呂處仁　17-1110

呂道章　5-551　17-1152

呂僧珍　19-171

呂巖　4-405　5-423

吳王　12-281

吳王夫差爲神　13-106

吳太極左仙公葛公之碑　陶弘景
　　17-1380

吳主孫皓爲神　13-108

吳丹　17-432

吳自宣　17-691

吳全節　5-570

吳守一　5-640　17-1310

吳祀范蠡之非　13-107

吳法通　17-959

吳秀　17-1169

吳客三眞君　1-86　2-98　3-92
　　11-34

吳眞君　9-153　11-61

吳剛　5-605

吳恭孝王仲雍　12-178

吳淸妻　7-403　17-912

吳涵虛　17-645

吳猛　4-304　5-281　8-1903
　　17-457

吳彩鸞　4-305　5-281　7-303
　　17-770　17-1686

吳萊　19-216

吳鉉卿　17-1319

吳睦　17-354

吳筠　17-1518　17-1519

吳道元　道子　4-377　5-412

吳應龍　17-1080

吳總管　12-244

告遊篇　陶弘景　17-1501

吾相公　11-39

君子　17-1335

吹角老兵　5-515　17-1321

妙女　7-396

妙靖鍊師　17-1085

妙應柳夫人　痘神　12-321

妖書　19-399

妖異　19-377～404

岑文本　19-158

岑道願　4-349　5-361　17-670

坑三姑娘　12-401　14-397

却鬼丸　19-505

巫子都　8-1345

巫炎　4-147　5-128　17-259

巫蠱　19-455

宋少室　8-1795

宋太宗　19-262

宋元白　17-999

宋玄白　5-613

宋末忠良俱守道　8-3379

宋有道　4-507　5-567

宋自然　17-1019

宋來子　5-606

宋刺史　3-266

宋度宗　19-264

宋恭　17-1118

宋眞人　17-1322

宋倫　4-98　5-106　5-1-57
　17-135

宋時釋教　16-123

宋時道教　16-152

宋耕　5-547　17-1097

宋眞宗　19-263

宋將軍　12-231

宋震　17-1005

宋濂　19-222

宋儒新旨　16-101

宋儒之旨爲新說　16-184

宋監傷　12-302

宋徽宗時　19-207

完璞　8-3577　8-3613

形夭　12-427

希明禪師　6-372

步元之曲　上元夫人　17-1446

步梅溪　17-1236

步虛詞　元好問　17-1567

步虛詞二首　隋煬帝　17-1507

步虛詞二首　劉禹錫　17-1542

步虛引　陳陶　17-1559

步總管　11-41

肝母　7-282　17-468

肝村母子　17-1007

肝烈　5-296　17-469

扶乩當作扶箕　13-233

扶桑　17-1642

扶桑神王歌　17-1461

折象　4-98　5-106

折楊柳行　魏文帝　17-1454

折像　17-394

求仙行　王建　17-1544

沈七太保　12-212
沈大明王　12-281
沈文泰　4-190　5-216　8-1363
　17-426
沈仙翁　17-1133
沈建　5-267　17-415
沈眞人　17-1220
沈野雲　5-585
沈彬　9-435
沈敬　17-1119
沈羲　4-74　5-51　5-1-47　9-
　55　17-422
沈鱗　5-632
沈麟　17-1007
沈侍郎　8-1525
沈玉霞　8-3559

汪子華　17-791
汪公先敗後降之誣　13-109
汪公保障六州當在降唐後　13-
　110
汪公廟　13-113
汪仙翁　17-1152
汪四　17-1125
汪臺符　5-483
汪貞常　17-1166

汪秦二道人　17-1105
汪一雷　17-1129

沙營大王　12-293

決八風　19-505

泒江遊奕神　1-104　2-121　3-
　194　11-76

沖虛至德遁世遊樂眞君列子
　12-69

李八百　4-96　5-105　5-1-56
　6-39　14-443　17-133　17-
　1614
李子長　17-1322
李子眞　17-1245
李元基　17-657
李文淵　5-216　17-426
李雙玉　5-568
李元帥　2-187　11-31
李夫人　7-273
李少君　4-141　5-137　5-1-86
　8-1309　9-91　17-297
李元　17-788
李公子　17-807
李太后　19-160

李仙女　17-960

李世民　19-142

李白　4-371　5-406　17-1595

李仙姑　17-538

李存忠　17-1269

李仲甫　8-3091　17-336

李自成　19-42　19-119

李充　17-295

李冰　二郎神　12-114

李希素　17-1211

李志亨　17-1081

李妙成　17-1140

李志方　5-564

李志常　17-1164

李昇　5-619

李明香　17-135

李泌　8-2425　17-793

李阿　4-237　5-231　5-1-118
　17-335

李長者　4-364　5-408

李武　17-1172

李珏　4-508　5-440　17-924
　17-1160

李修　17-427

李思廣　5-518　17-1082

李含光　17-704

李赤肚　17-1251

李眞人　17-1313

李眞多　7-133　9-477　17-134

李根　4-143　5-134　17-305

李烈士　12-255

李奚子　7-233　17-400

李常在　5-633　17-421

李虛中　19-210

李淨禪師　2-301

李球　9-367

李清　9-307　17-672

李紳　9-251　9-375

李菱　4-505

李偉　17-1315

李商弼　17-1173

李國用　17-1178

李笈　5-573　17-1157

李虛菴　17-1272

李賀　4-398　5-432

李筌　5-404　4-354

李順興　5-356　17-573

李意期　17-204

李虞　9-343

李僕射　12-219

李鼻涕　5-515　6-149

李染工　8-2263

李簡易　17-1635

李賤子　5-569　17-1322

李震　17-678

李嶠　19-161

李盤白　17-455

李衛公　12-275

李澤明王　12-280

李龍圖　19-71

李凝陽易體成仙　8-823

李頤眞　17-1154

李騰空　17-891

李鐵拐　17-649

李鐵箍　17-1249

李靈陽　4-504　5-566

杜子春　8-2245　9-171

杜子華　17-671

杜可筠　17-938

杜主　11-75

杜生占逃奴　19-104

杜冲　8-841　17-129

杜宇　17-173　5-122

杜光庭　5-620

杜牧詩　17-1654

杜昇　17-968

杜契　17-445

杜昺　17-521

杜㾏胡　17-1617

杜道堅　6-351

杜曇永　17-566

杜懷讓　17-671

杜蘭香　7-284　9-481　17-420

杜燮　8-1723

弟爲師吳許傳道　8-1903

弄玉　5-119　5-1-70　8-931

弄玉緣歸西華主　8-931

灶神　19-574

旱魃　19-537

社公　12-272

社日　19-507

社稷　14-231

社稷明王　12-278

社瀆明王　12-278

祀神謬誤　13-158

祀尉遲公　12-409

祀竈神　謝竈　12-398

良价禪師　6-273

言志　韓湘　17-1543

谷希子　17-295

谷神女　7-432

谷春　4-181　5-198　17-328

祁嘉　5-612

邢三姑　12-337
邢和璞　4-392　5-410　8-2371
　17-715
邢風子　17-1257

那叱太子　2-325
那吒太子　12-453

邪書　19-62
邪說　19-491～546
邪醫　19-486

赤石夫人　12-320
赤肚子　4-526　5-482　17-1252
赤明天帝　17-45
赤斧　17-331
赤松子　4-51　5-35　5-1-23
　6-21　8-319　11-69　17-49
赤城山二女　7-489
赤將子輿　4-55　5-38　5-1-27
　17-103
赤腳王　17-1311
赤雀辭　17-1448
赤須子　17-139
赤精天　18-77
赤精子　17-107

赤精子途逢廣壽　8-211

辛天君　12-54
辛元子贈楊司命詩三首　17-1484
辛興苟元帥　2-225　11-43

走無常　19-479
走百病　19-541

車子侯　4-143　5-141　17-269
車子侯歌漢武帝　17-1443
車裂獄　18-305

辰上公　17-107

身神　11-71　11-77

見機智士甘肥遯　8-1597

阮丘　5-128　17-303
阮基　9-169
阮肇　4-195　5-215　17-363

八　畫

刻意　17-1330

卓晚春　17-1255

奉和趙王遊仙　庾信　17-1507
奉和聖製經河上公廟應制　張說　17-1512
奉和聖製經河上公廟　張九齡　17-1513
奉和聖製河上公廟　蘇頲　17-1515
奉金像夢傳大洞　8-805
奉敕命施法降魔　8-1561

奇門遁甲　19-477
奇相　12-113

夜叉　10-37　12-428

岱石王　12-192

岳眞人　5-574　17-1163
岳鄂王　武穆王　15-9

姑射山神人　17-1581

垂玄感聖慈化應御眞君徐甲　12-72
垂象　19-185～240

宓子　8-841

宜君王老　9-399

宛丘先生　4-61　5-41　17-115
宛若　7-159

宗一禪師　6-360
宗三舍人　鬃三爺　3-188　12-410
宗婆婆　17-1252
宗超之　17-543

定光佛　12-432
定錄中候告　17-1486

宮嵩　5-222
宮徽師　6-375

周人殺萇弘　17-1659
周子良　17-575
周太賓　17-457
周文英　17-1122
周文興　17-1305
周仙葫　17-1316
周正實　17-178
周打氈　17-1297
周玄初　5-584
周史卿　4-506　5-571　17-1075
周仙王廟　12-181

周白舍王　12-302

周成王　19-190

周昭王　17-1659

周成王時綏山謠　17-1440

周休休　17-1243

周志明　17-1179

周易來歷　16-65

周宣靈王非孝侯　13-115

周恢　12-370　17-1142

周宣靈王　12-182　11-30

周祖師　17-1177

周思得　5-646　17-1215

周爰支　7-183

周亮　4-77　5-53　5-1-43

周倉　12-128

周倉可考　13-32

周亞夫　19-150

周韋節　17-637

周師慶　17-1110

周眞人　17-1127　17-1177

周栖野　17-195

周將軍　12-237

周赧王時　19-194

周赧王廟　12-177

周貫　17-1058

周莊王時　19-191

周景福　17-1175

周惠杵　7-480

周傑　19-219

周義山　17-306

周羣　17-1659

周廣　5-283

周德清　17-1160

周興能　17-1176

周穆王　9-25　17-130

周頤眞　17-1166

周禮來歷　16-78

周顚仙　4-520　5-580　17-1183
　　19-3505

周隱者　8-2299　19-3505

周隱遙　9-67　17-648　17-957

周隱遙鍊形巖穴　8-2209

周顯王時　19-193

季可　17-1116

季隱子　17-1133

和合二聖　10-30　11-48　12-
　　376　14-483

和尙前知石虎心　8-1921

和尙娶妻食肉　13-281

和竟陵王遊仙詩二首　沈約
　　17-1498

和張貞居遊仙詩二首　浮圭
　　17-1572

知玄禪師　2-307
知命道人　17-1105
知泱　12-79

呼風喚雨　19-474
呼子先　17-333

孤峯長老　6-362

昌武王　11-39
昌季　17-400
昌容　7-128　17-122

肩吾　3-70

抱一道士　5-624
抱龍道士　17-998
抱犢子　17-541

抽腸獄　18-299

拔舌獄　18-307

招魂　19-483
招寶七郎　12-305

拘若利　11-52

拓跋氏　8-1831
拓跋大郎　17-757

孟子來歷　16-85
孟子續統　16-43
孟元帥　2-240　11-8
孟公孟姥　12-412
孟歧　4-62　5-42　5-1-34
　17-295
孟婆湯　12-418
孟欽　4-306　5-333　17-519
孟節　8-1705

昊天上帝　12-15

昇天行　釋慧淨　17-1509
昇元明義眞君劉綱　12-181
昇仙篇　梁簡文帝　17-1498
昇仙操　李羣玉　17-1553
昇仙太子碑　唐武后　17-1391

炊神　11-75

炎帝少女　5-35　7-601

承溫旨金鸞飛迹　8-3613

延明子高　17-340

易退　17-478

易簡　17-1349

盂蘭盆會不始於目蓮　13-268

庚金大王　12-291

尙書來歷　16-68

尙陽子　17-1261

尙境仙王　12-300

協律濟窮遺路引　8-3541

協順廟廣靈侯陸　12-202

屈女　7-263

屈氏二女　5-271

屈處靜　4-129　5-126　17-144

居四郎　17-1628

房日茨　17-478

房長鬚　17-1099

性空庵主　6-368

忽必烈　19-265　19-400

忽必烈時　19-208

忽夢遊仙　王勃　17-1511

忠佑武烈大帝　15-19

忠彥　19-222

忠烈侯　12-206

忠烈將軍　12-239

忠烈武義侯　12-207

忠靖王　12-141

忠靖威顯靈祐英濟王張抃　12-143

忠嘉神聖惠濟廣靈王　12-150

忠潔侯　12-204

忠顯王生辰　10-7

叔魚　19-143

牧正禪師　6-363

牧得淸　17-1109

杭州蔣相公　1-120　2-140　3-272

杭郡周城隍　11-29

林升眞　17-1136

林虎　19-218

林癸午　17-1264

林遇賢　5-625

林道人　17-1263　17-1302

林靈素　4-459　5-506　8-3163

林靈素得寵　19-318

杵神　11-78

杯渡禪師　2-260
杯渡和尚　6-295

松陽道人　17-1265

果仙　17-1206

東土六祖　11-52
東大仁王　12-302
東王公　4-59　5-34　5-1-20
　　6-17　11-47　12-16　14-443
　　17-25
東方朔　4-136　5-135　5-1-84
　　6-53　8-1399　9-61　11-69
　　19-177　19-340
東方朔畫贊　夏侯湛　17-1371
東方朔至清　嵇康　17-1458
東方曼倩　吳筠　17-1521
東方朔漢廷混跡　8-1309
東方元　17-1287
東方清靈始老君　17-38
東斗星　18-150
東平忠靖王　12-145
東嶽借壽　12-90
東始齊王　12-302
東坡宸奎閣碑銘　得道非有師

17-1654
東南射山　王筠　17-1500
東皇西母同開化　8-229
東海遊仙歌簡王學士元馭王中丞
　　元美　王叔承　17-1547
東海助順孚聖廣德威濟王　12-
　　100
東華道人　17-1319
東華帝君　1-20　2-20　3-36
　　17-409
東陵聖母　4-317　5-332　7-178
　　17-408
東郭延　4-187　5-194
東殿聖王　12-300
東嶽　1-38　2-42　3-52　11-13
東嶽五子　11-12
東嶽天齊大帝　12-88
東嶽大帝本末　13-57
東嶽道士　17-1621
東還　李商隱　12-1546

明王　11-76　12-278
明太祖　19-37　19-116　19-267
明永樂　19-67
明永樂帝　19-266
明法仙　17-1250
明香眞人　5-106
明星玉女　7-129　17-989

明建文帝　19-268
明時道教　16-158
明眞子　12-385
明時釋教　16-128
明崇儼　4-349　5-370
明國運史儋入秦　8-1057
明達的不信占卜　19-93

武丁感夢賚良弼　8-697
武元照　5-520　7-492　17-1095
武成王　11-21
武夷山神　11-11
武夷君　4-112　5-124
武志士　5-543　17-1056
武攸緒　5-418
武則天　19-145　19-267　19-
　393
武烈大帝　12-135
武婆婆　12-314
武陵娘子　12-331
武陽山遺詠　17-1440
武穆王　15-9
武蓬頭　17-1295
武廟祀典原始　13-28
武靈王諸葛亮　12-179

帛和　4-361　5-419　17-448
帛舉　17-341

幸潭　17-1132

竺道生　6-299

雨師　3-74　11-8　12-50　14-
　747
雨師神　2-331

邯鄲姬　19-385

邱延翰　19-58

邵琥　5-505　17-1075
邵道人　17-1246

虎授碁經爲報慈　8-1867

法明和尚　6-317
法眞禪師　6-372
法常禪師　6-372
法術呼律令　2-342
法融禪師　6-253

泠淪作咸池廣樂　8-445

河上公　9-101　17-205　17-
　1642
河上公　吳筠　17-1521

河上丈人　17-176
河上老人歌　王昌齡　17-1512
河平侯祠　12-203
河北王母　7-253
河伯馮夷姓名不一　13-81
河伯　11-12　19-557
河妖　19-402
河南子　17-1115
河海神　19-556～566

泗州大聖　1-48　2-58　3-176
泗州大聖　泗州文佛　12-444

波神　2-333　3-206
波神陽侯　12-123

油鍋獄　18-313

沛國道人　17-1586

泥馬　19-528

花四娘　12-333
花姑　7-317　17-692
花神　12-389
花卿　3-278

芳樹　李白　17-1526

芮道材　17-1225

芙蓉仙人　17-1622

取締文告　19-452～455

阿修羅各部　18-129
阿鼻獄　18-327
阿彌陀佛　11-51

牀公牀婆　11-72　12-401
牀神　15-105

迎佛不始於漢明帝　13-271
迎神賽會　19-464

具胝和尚　6-309
具國器　17-1190

金山大王　3-240　12-161
金大伯公　12-267
金丹毒死兩皇帝　19-315
金甲　17-403
金申　4-132　5-133　5-1-82
金母天　18-65
金母元君　7-58　8-1381
金仙上天　18-105
金仙中天　18-109

金仙下天　18-113

金仙天仙數目表　18-133

金可記　8-2875　9-419　17-933

金可記鍊眞子午　8-2875

金母飛空歌　17-1540

金李二司徒　12-214

金宗周　17-1250

金芝　19-373

金星　18-208

金神七煞　12-426

金剛　3-154

金剛不只四人　13-256

金剛智禪師　2-291

金馬碧雞　3-334

金馬碧雞之神　12-402

金眞人　17-1118

金野仙　17-1106

金華神液　17-1602

金都尉　12-245

金精　3-336

金龍四大王　11-28　12-105
　13-78　19-561

金闕上帝　14-165

金鑑成古今具覽　8-391

金龜印　17-1595

非相　19-137

門神　3-400　10-35　11-19
　19-576　12-391

門神二將軍　2-343

門神將軍　14-587

兩仙童　17-1591

靑衣神　2-311　3-362

靑羊肆宓子尋師　8-841

靑谷先生　17-377

靑要帝君　17-43

靑蚨　19-529

靑烏公　4-64　5-44

靑烏公　5-1-36　6-25　17-121

靑蛇神　3-332

靑蛙使者　12-405

靑蛙神　15-91

靑童君　7-354

靑童大君常吟詠　17-1483

靑蓮子　8-2515

靑龍白虎神　12-24

長生詮　6-169

長存子　17-173

長命縷　19-515

長恨歌　白居易　17-1530

長桑君　17-142

長桑君微露天機　8-895

長桑公子　5-605　17-123
長陵女子　7-161
長源女夢入仙都　8-2263
長養神　11-72
長慶和尙　6-369

九　畫

南斗　12-26
南斗星　18-148
南方丹靈眞老君　17-40
南北朝時釋敎　16-106
南北朝時道敎　16-142
南庭忠烈靈惠王危全諷　12-180
南唐興獨推正統　8-2983
南華莊生　2-165
南華禹師　6-371
南華眞人　吳筠　17-1519
南華至極雄文宏道眞君莊子
　12-70
南陽公主　4-160　5-149　5-1-
　93　7-152　17-329
南極王夫人　7-91
南極夫人詩幷序　17-1471
南極星系　18-263
南極星論　18-263
南極星系總論　18-265
南極星系全圖　18-266
南極尊翁　17-47

南極翁少林訪趙　8-3001
南極長生司命君　17-44
南無觀世音菩薩　3-148
南臺和尙　6-360
南嶽　1-42　2-48　3-56
南嶽魏夫人　11-68

俞震齋　17-1210
俞靈瑣　5-437

侯先生　5-498
侯谷神　5-629
侯眞夫人　7-179
侯道華　5-477　17-936

俠士能攜赤玉出　8-2605

保安大王　12-294
保宗　17-1027
保定老姑　17-1120
保命君告許虎牙述杜廣平常嘉歌
　一章　17-1487
保命吟告虎牙　17-1488
保命府丞樂道士授詩　17-1502
保珠娘娘　12-330

奏清徵諸神並集　8-967

前後雲遊玉蟾苦　8-3343
前緩聲歌　陸機　17-1490
前緩聲歌　孔甯子　17-1496

度索君　17-351

庠直生　17-1630

律令遍招八海賓　8-2461
律呂神　3-142

協濟公　3-294

幽枉獄　18-311
幽冥王各屬　18-341

建昌麻姑　7-499

施存　17-477
施岑　5-283　17-470
施府君　11-28　12-249
施肩吾　17-922
施相公　15-15

封列國周武酬功　8-787
封泰佽車公化去　8-1381
封衡　5-226　5-1-115　17-430

垣下生占及第　19-111

城隍　11-17　12-256　13-130
　　19-554
城隍生辰不同　10-24

帝王　11-79
帝王迷信　19-65～67
帝王的流毒　19-33～42
帝佐　列侯　11-80
帝舜　5-40

威相王　12-282
威逍遙　5-448
威惠廣祐王　12-148
威惠顯聖王　1-96　2-111　3-
　　238
威濟侯　3-252
威濟李侯　1-116　2-136　11-
　　37
威靈顯化趙將軍　12-229

姮娥　5-605　8-535
姮娥竊藥入蟾宮　8-535

姚氏三子　7-346
姚王大王　12-290
姚光　4-186　5-200　5-1-104

17-448
姚成　17-1318
姚泓　9-273　17-669
姚俊　17-405
姚哏　3-382
姚基　17-1290
姚道士　17-1210
姚廣孝　19-173

姜仙翁　17-1134
姜伯眞　17-533
姜叔茂　17-457
姜若春　5-41
姜澄　17-1291

洋子江三水府　2-335　3-192

洞眞子　5-573　17-1164
洞庭君　3-196
洞靈感化超蹈混然眞君庚桑子　12-71
洞靈眞人　吳筠　17-1519

洧子　4-78　5-54

洪山眞人　17-1159
洪志　4-512　5-572
洪厓先生　4-55　5-39　8-427　17-105
洪崖先生有二　17-1655
洪施時眞君　17-471
洪眞人　17-1168

洛子神　12-120
洛神　19-563
洛城見賀自眞飛昇　陳陶　17-1559
洛書出重衍卦爻　8-283

柯可崇　17-1135

柳夫人　17-1190
柳眞君　12-86
柳條青　17-937
柳條仙丹　17-1610
柳翁　17-1605
柳庄　8-3577
柳楊大王　12-292
柳實　4-429　5-440　17-901
柳毅　8-2335
柳融　17-427
柳歸舜遊仙境　17-1677

柏姬廟　12-335
柏姬　15-71
柏碩　17-539

柏閭　9-165

相玄衱衆聖會嵩　8-2011
相印　19-175
相皇　8-1057
相氣　19-174
相笏　19-175

祠山張大帝　1-98　2-113　3-
　108　4-651　11-22

祝七夫人　12-327
祝小山　17-1305
祝城大王　12-288
祝海韋　17-1268
祝廣壽大會丹元　8-3631
祝雞翁　4-110　5-113　5-1-63
　17-171
祝融　8-499

祖神　11-75
祖將軍　3-276

神人書　17-1595
神女　19-589
神也者妙萬物而爲言者也　18-19
神仙　17-1349
神仙上天　18-117

神仙中天　18-121
神仙下天　18-125
神仙數目表　18-134
神仙本出於人　17-1653
神仙　顔之推　17-1506
神仙　崔仲方　17-1508
神仙居　17-1607
神仙篇　戴暠　17-1504
神仙篇　張正見　17-1504
神仙篇　盧思道　17-1508
神仙篇　魯范　17-1509
神仙曲　李賀　17-1544
神仙傳序　葛洪　17-1367
神仙傳論　梁肅　17-1407
神仙除瘤　17-1628
神仙可學論　吳筠　17-1397
神仙部選句　17-1578
神仙要有定分　17-1651
神仙不煩妄求論　17-1646
神君　11-76
神和子　5-614　12-384　17-1029
　17-1622
神勇將軍　11-25
神異經　玉人　17-1581
神荼鬱壘　1-127　2-150　3-402
　19-577
神荼鬱壘爲門神其說不一　13-
　147

神荼鬱壘　桃符　14-583
神道設教慶　19-125
神農　8-301
神農鼎九州定位　8-643
神鼎沈小懲強暴　8-1111
神霄玉府都督大元帥　12-219
神爵　19-372
神讚禪師　6-253

炳靈公　11-12　12-91

爲西京百官賀老君見表　崔融
　17-1396
爲我的　19-281

段璟　17-1093

春申大王　12-287
春秋來歷　16-81

昭惠永寧大元帥王于　12-220
昭靈侯　1-87　2-101　3-314
　11-36
昭靈夫人廟　12-315

星官　19-211
星使　19-212
星神　19-212

星槎　19-525

拾得子　6-287　17-875

看相　19-135～184

香奩物神　11-78

秋胡行二首　曹操　17-1454

皇化　17-426
皇太姥　4-113　5-114　5-1-64
　7-124
皇初平　17-505
皇甫坦　17-1097
皇娥歌　17-1438

衍客　5-281　17-541

耍子　17-1313

耍雞大王　12-286

紀聞　郊覽　17-1665

胥吳大王　12-287

胡伯女　17-567

胡佯　17-1017

胡將軍廟　12-228

胡惠起　5-617

胡德元　17-1012

胡慧超　17-657

苗龍　17-669　5-369

英布　19-152

英妃　17-1686

英烈少侯　11-40

英義武惠正應王周處　12-179

苦思行　曹植　17-1457

若士　17-179

茅山父老歌　17-1447

茅山道人　17-1619

茅安道　17-825

茅固　5-124

茅衷　5-125

茅盈　4-125　5-124　5-1-77
　17-215

茅濛　4-111　5-118　9-53　17
　-174

范女對使化男身　8-2533

范子珉　5-521

范幼沖　4-169　5-191　17-430

范至果　17-1164

范志元　17-1013

范長生　12-347

范明廟　12-172

范叔寶　17-1089

范豺　17-543

范豹　4-324　5-334

范常眞　17-1157

范慈伯　17-1120

范蠡　4-65　5-45　5-1-38
　17-148

茉莉夫人　12-325

荀仙姑　7-595

臥仙　17-1616

負局先生　3-140　4-80　5-56
　5-1-51　17-333

負琴生　17-733

陌上桑　曹操　17-1454

迦毗摩羅尊者　6-217

迦葉　11-52

郎宗　17-403

重陽　19-520
重陽子暢發玄風　8-3307

計子勳　17-393
計然　8-985

飛龍篇　曹植　17-1455
飛龍引二首　李白　17-1525
飛龍引　除陶　17-1558

風水　19-29～82
風火院田元帥　2-237
風火院田尉　11-44
風穴道士　17-926
風仙姑　17-1139
風后演握機陣法　8-355　8-427
風伯神　2-331
風伯　3-74　11-7　12-50
　14-747
風僧　13-265

卿雲歌　19-371

兼儒徒有儒名　16-180

務勿塵　17-630
務光　4-61　5-42　5-1-33
　17-115
務成子　17-110

凌陽子明　5-190
凌霄賦　陸機　17-1368

剝皮獄　18-297

冥器　19-460
冥寥子游　屠隆　17-1420
冥莢　19-360

修羊公　4-129
修眞秘錄　6-355
修眞口訣　6-359
修陽公　5-126

孫氏女　17-1276
孫公和　吳筠　17-1521
孫夫人　7-154　17-362
孫元明　17-1102
孫仙姑　4-490　5-550　7-499

十　畫

倉聖　蒼聖　蒼王　12-124

倩桃言萊公棄世　8-3055

17-1147

孫成　17-1172

孫吳大王　12-287

孫姑　17-1074

孫思邈　4-365　5-357　6-121
　8-2299　9-211　17-659

孫思邈劇論天人　8-2299

孫登　4-249　5-277　6-81　17
　-455

孫將軍　3-304

孫寒華　7-189　17-445　17-
　1296

孫伯符　8-1651

孫博　5-342　17-398

孫遊岳　5-343

孫遊嶽　17-552

孫道人　17-1094　17-1628

孫廣田訪道南州　8-1795

孫賣魚　5-521

孫魯西　17-1257

孫樂庵　17-1314

孫鍾　19-72

孫韜　17-569

夏文莊　17-1626

夏元鼎　17-1135

夏后氏　17-111

夏孟昌　17-1319

夏桀時　19-188

夏侯隱　17-937

夏馥　17-374

師子比丘尊者　6-203

師門　17-114

師道尋眞留南嶽　8-2947

師曠　8-967

射木山神　3-214

射妖被刺　19-391

射龍將軍　12-334

射覆　19-458

徐二公　17-1619

徐人瑞　8-3595

徐女　17-723

徐王　11-40

徐太極　8-1633

徐公　17-540　17-1026

徐市　8-1183　17-1581

徐生　17-349

徐仙姑　7-453

徐仙翁　11-69　17-1626

徐仙　17-350

徐左卿　17-769

徐光　17-449

徐佐卿　4-376　5-417　8-2551

9-305

徐　默　17-1113

徐依希　17-1127

徐來勤　17-356

徐相公　12-265

徐知常　8-3163

徐則　4-347　5-353　17-646

徐神翁　17-1077

徐若渾　17-1088

徐眞君　17-1065

徐商　17-938

徐登　5-190　17-1616

徐問眞　5-503　17-1072

徐偃王　11-21

徐偃大王　12-287

徐將軍　12-240

徐張傑士互成功　8-2281

徐善大王　12-290

徐洪客　8-2227

徐偓翁　17-1008

徐道人　17-1262

徐道士　5-624　17-1008

徐福　4-116　5-115　17-175

徐道季　17-341

徐慧　17-1005

徐熙春　5-504　17-1061

徐繼光　17-1050

徐彎　4-475　5-555

徐彎　17-538

徐靈期　17-548

唐太宗　19-118　19-203　19-254　19-310

唐太宗強迫臣下當道士　19-310

唐公昉　5-148　8-1471　17-329

唐代宗　19-256

唐明皇　17-1592　17-1671　19-66　19-310

唐武宗　19-260

唐居士　5-448

唐宣宗　19-261

唐風仙　17-1117

唐風子　17-1283

唐若山　9-251　17-710

唐秩　17-1305

唐時釋教　16-112

唐時道教　16-144

唐高祖　17-1591　19-253

唐葛周三眞君　12-18

唐廣眞　5-557　7-490　17-1096

唐憲宗　19-257

唐懿宗　19-262

哥老會　19-423

員神　11-8

哪吒　13-262

哼哈二將　14-613

家庭神　19-574～579

容成公　4-51　5-35　5-1-22
　8-859　17-107
容成公細談靈嶽　8-859

宮亭湖神　3-202
宮嵩　4-221　8-1723　17-317
宮徽師　6-375

涉正　4-119　5-121　5-1-73
　17-405

浮丘山　17-550
浮丘公　8-445　8-1237　17-105
浮丘伯　4-109　5-113　6-347

泰山神　19-566～569
泰山老父　17-259
泰山府君　19-566
泰山治鬼　13-63
泰山錄事　12-94
泰山號天齊之誤　13-61
泰壹君　8-193

海上老人　5-586
海王星　18-239
海神　2-333　3-206
海童　12-99
海蟾子　8-2965
海蟾子棄職修仙　8-2965

浦江仙姑　7-488

酒母　7-274
酒客　17-170
酒家美婦　7-339
酒家母　17-333

消極的　19-288

涓子　5-1-48　17-171

浙江海神　12-104

浣花夫人　12-330

晉孔愉廟　12-172
晉安帝　19-250
晉孝武帝　19-201　19-246
晉明帝　19-65
晉麻姑　5-308
晉惠帝時　19-200

晉愍帝時　19-201

晏公　3-186　11-28　14-495
晏公神　10-28
晏公廟　13-94
晏公爺爺　2-339
晏仙人　5-622
晏奉禮　17-1053
晏城大王　12-288
晏僎人　17-1002

晒衣　19-515

時荷　5-283

烈士大王　11-40

恭送曇陽大師六首　屠隆　17-1577

殷七七　5-618　17-925
殷天祥　9-405
殷震亨　17-1165

氣出唱三首　曹操　17-1453

殉葬　19-33

柴公達　17-1207
柴司徒　12-213
柴通玄　5-623
柴道人　17-1222

桂父　17-171
桂心淵　17-1171
桂之樹行　曹植　17-1457

柩空　17-1348

桓眞人吟詩　17-1501
桓溫　19-178
桓探花　17-732
桓闔　4-342　5-347　17-568

桑倫信王　12-302
桑維翰　19-157
桑墩四大王　12-298

桐君　17-104

桃花源記　17-1586
桃源二客行　張方平　17-1562
桃源避秦人皆不死之誤　13-230

挹仙亭　眞德秀　17-1565

捽子引覽稚川景　8-2677

捐暴戾秉鉛立交　8-2371

拳夫人　10-28

祥瑞　19-352～377

留詩三首　葉法善　17-1512

盆州老父　17-691

眞白先生　9-161

眞行子　17-114

眞武　11-60　14-167　17-402
　19-595

眞武祖師　13-185

眞姑夫人　12-327

眞相　19-176～182

眞國夫人　12-326

眞豪傑兵敗逢師　假神仙吐液殞
　命　8-3199

眞靈位業圖　17-1

眞靈位業圖序　陶弘景　17-1379

破灶墮和尙　6-243

破腹道人　17-1271

班仙　17-1312

班孟　4-363　5-375　7-274
　17-506

班超　19-148

秦女　17-1500

秦女吹簫圖　鄭思肖　17-1567

秦太尉　12-209

秦志通　17-1081

秦始皇　8-1219　19-296　19-34

秦穆公　8-913

秦宮人　7-151

秦時婦人　7-293　17-742

秦時道敎　16-136

秦時巴謠歌　17-1443

秦鏡　19-521

秤杆獄　18-325

乘舟空裏龍爲御　8-2083

般若多羅尊者　6-213

耿七公　3-302

草衣兒　17-1286

草轅大王　12-296

荊州府志　王相拾蟬　17-1640

茶姥　7-466　17-494

荀氏　17-1250

素姑　17-537

紙神　11-78
紙馬　13-166　17-1618
紙錢　13-160

袁千里　1-74　2-86　3-126
袁枚對於佛教的論調　19-291
袁眞君　17-537
袁起　17-404
袁根　17-539
袁琪　19-173

耆域　4-248　5-267

翁仲二神　3-412
翁聖大王　12-290

財神　14-569　19-581

訓詁異說　16-93

郝大通　4-500　5-563　17-1148
郝仙姑　17-1294
郝志隆　17-1158
郝姑　7-189　17-436

郡圍老卒　17-1121

郗尊師　17-573
郗鑒　9-263

送毛仙翁　李紳　17-1537
送窮日　19-507
送鍾離雲房赴天池會　呂巖
　17-1546

軒轅帝　8-409　8-337
軒轅集　4-387　5-473　6-133
　8-2859　17-934
軒轅先生　8-2731　9-379
軒轅彌明　9-437　17-904

降吳郡邀度蔡經　8-1615
降楊司命詩二首　九華安妃
　17-1465
降龍伏虎　19-474
降魔禪師　6-307

陝西子仙姑　17-1076

陝河濱老君寄跡　8-1147

除邪崇玉眞降世　8-481
除怪貍變巴施法　8-1399

釜曾神　11-75

韋丹　9-301　17-916
韋仙翁　9-311　17-817
韋老師　9-371　17-746
韋昉　5-353　17-1012
韋弇　17-1670
韋卿材　9-381
韋挺　19-176
韋恕女　5-630　7-604
韋景昭　17-770
韋善俊　5-371　17-682
韋節　5-349
韋馱　11-51　12-454　19-573
韋馱非護法神名　13-257
韋蒙妻　7-434　17-917

馬山人　17-1205
馬大仙　3-366　5-482　7-490
　17-967
馬下　11-76
馬士良　8-2695
馬王　10-21

馬丹　4-81　5-55　17-138
馬丹陽　8-3289　17-1179
馬氏　17-1055
馬氏女　17-1027
馬之瑤　17-1139
馬仙姑　12-367
馬牛州夫婦雙修　8-3289
馬成子　4-97　5-118　6-57
　8-1093　17-182
馬自然　6-143　8-2859　9-289
　12-344
馬自然吟詩秦望　8-2857
馬明王　5-145　12-276
馬周　9-195
馬明生　17-1450
馬明生遇神女歌　韋應物　17-
　1529
馬神　3-330
馬師皇　4-56　5-39　5-1-28
　17-103
馬湘　5-494　17-869
馬鈺　4-487　5-548　6-163
　17-1145
馬當廟　12-121
馬道流　17-966
馬榮　17-545
馬銜　12-99
馬鳴　龍樹　11-57

馬鳴王　11-27　12-193　17-377

馬鳴尊者　6-215

馬儉　5-336　17-530

馬靈眞　17-1177

高元帥　2-212　11-9

高仙盻遊洞靈之曲　17-1463

高尙眞人　17-1092

高俊　17-1215

高城大王　12-288

高娘　17-1318

高唐神女　妙用眞人　12-85

高遠先生　17-111

鬼谷子　4-110　5-118　5-1-68
　6-43　11-66

鬼谷先生　17-123

鬼門關　12-421

偓佺　4-61　5-41　5-1-31
　17-109

厠神　11-73　12-401　13-151
　19-578

副應元帥　2-204　11-32

勘土　19-543

姬洞明　17-1095

婆須密尊者　6-207

婺源公山二洞穴　17-1605

婁守堅　8-3055

婁敬眞身祠神像　12-176

國朝祀典所載羣臣姓名封號
　13-155

常生子　17-173

常州武烈帝　1-106　2-123　3-
　222

彩鸞女降配文簫　8-2839

十一畫

兜率禪師　6-373

停葬　19-77

僑仙僑佛可辨　13-300

脩羊公　17-214

堂子　19-598

尉遼子　8-1165

崑崙山　17-1588
崑崙奴　17-821

崇正辨　13-283
崇信禪師　6-305
崇寧眞君　12-129

崔子玉　5-366
崔少玄　7-387
崔少元　9-515　17-985
崔之道　5-361　17-1003　17-1127
崔文子　17-331
崔生　9-231　17-784　17-1635
崔自然　5-630　17-1003
崔希眞　8-2587　9-317
崔汾　17-1663
崔李二中使　17-723
崔府君　1-78　2-90　3-256　11-44　11-246
崔書生　9-487
崔野子　17-340
崔綏　8-3235
崔煒　9-295

密跡金剛　12-454

寄奴王者　19-390

寇先　4-80　5-55　5-1-50
寇先生　17-148
寇謙之　4-344　5-348　8-2065　17-625
寇謙之的圖籙眞經　19-307

宿金大王　12-293

啖桃成仙　17-1639

商丘開　17-168
商丘子胥　17-348
商臣　19-144
商客　17-1600
商棲霞　5-409　17-819

康王廟　12-155
康元帥　2-235　11-8
康希仙　17-675
康僧會　8-1741

麻衣　8-2047
麻衣子　5-338　6-347
麻仙姑　7-479

麻衣仙姑　5-483　7-496　17-
　404　17-1214
麻衣先生　17-1169
麻衣子李和　17-516
麻衣道　19-165
麻姑　4-194　5-219　6-83　7-
　161　13-227　17-536　17-373
　17-1658　19-497

得仙詩　于本大妻　17-1567
得仙傳寶常正樂　8-2191

從悅禪師　6-368
從鉉　17-1226
從諗禪師　6-255　6-362

張七相公　3-300
張九哥　5-495
張十六郎　12-305
張十七郎　12-305
張三丰　4-516　5-577　8-3505
　12-367　6-350　17-1193
　19-321
張士衡　17-353
張子冲　17-1201
張子明　17-1315
張三　17-718
張大帝　12-130　19-563

張子房　9-59
張卞　17-419
張元化　5-307　17-441
張元賓　17-431
張公弼　17-667
張中　5-578　17-1203
張天翁　5-605
張氏子　17-732　17-1593
張文光　7-157
張文姬　7-157
張元英　17-1117
張元始　17-1136
張元帥　2-223　11-42
張天師　2-315　3-102　13-219
　13-220　14-405　19-341
張仙　10-28　11-48　14-631
　19-344　17-1178
張仙姑　5-570　7-497　17-1086
張玉蘭　7-191　9-465　17-419
張正禮　17-431
張皮雀　17-1223
張古山　17-1303
張可曇　17-1167
張司封　11-27
張用成　4-451
張用誠　17-1059
張主簿妻　7-496
張巨君　17-978

張白膠　17-1011

張仙打彈　13-215

張邑　4-327　5-351

張兆期　5-191

張如珍　17-566

張老　9-175　17-569

張自眞　17-1232

張先生　5-636　17-540　17-
1088

張守清　17-1175

張金箔　8-3559

張老相公　11-29

張同之　17-1127

張守盧　17-1141

張羽士　17-1182

張良　17-186　19-297

張良從赤松子遊　19-297

張志和　4-397　5-431　8-2587

張伯瑞　5-499

張君　17-1307

張志純　17-1176

張卓　8-2407

張果　4-381　5-362　6-91　9-
275　17-706　19-214

張果老　3-128　8-2119

張府君悞觸劉根　8-1471

張奉　17-402

張建章　17-1609

張秉　5-639

張金箔　5-644

張忠惠侯　12-207

張松谷　17-1163

張芝　7-158

張卓　9-409

張拙秀才　6-371

張定　17-956

張明　17-1065

張昭烈　3-298

張昭成　4-307　5-333

張俞　5-516

張拱　5-572　17-1120

張柏亭　17-1206

張珍奴　7-475　8-3181

張信眞　17-1154

張眞君　17-350

張留孫　5-569

張高　17-1307

張桃枝　7-184

張將軍　3-306

張盧白　5-518　17-1086

張通裕　17-551

張逍遙　17-1304

張得象　19-215

張得一　5-641

張連翹　7-336

張常清　17-1091

張惠感　17-691

張惠明　5-190　17-672

張皓　17-365

張無夢　5-624

張殖　9-237　17-819

張雲容　7-439　17-913

張紫陽　6-145　8-3091

張盍　5-419　17-715

張楷　17-369

張微子　7-185　17-312

張道陵　4-198　5-203　5-1-107
　　6-61　8-1561　9-87　17-356

張落魄　5-422　17-1258

張道清　5-635

張鼻鼻　17-1257

張碩重寄杜蘭香　曹唐17-1555

張綽　17-946

張夢乾　17-1049

張蒙山　17-1180

張遠霄　5-634　17-1001

張模　4-509　5-570　17-1130

張魯　4-238　5-234　17-420

張賢　7-158

張穆子　17-338

張曇要　17-552

張衡　17-381

張聲　17-1090

張翼德廟　12-168

張懷陽　17-1320

張鎬　9-499

張薦明　17-1020

張顥仙　17-1318

張麗英　5-608　7-180　17-350

張繼先　17-1081

張孺華　17-957

巢父　5-139　17-109

巢父　吳筠　17-1519

巢許養高貞避世　8-553

巢湖太老　3-200

巢道人　17-1001

扈謙　4-275　5-337　8-1993
　　17-528

猛將軍　12-225

殺韃子　19-513

斬鬼張眞君　2-233　11-34

斬蛇　19-387

悉達太子遇跋伽諸仙　17-1581

惟寬禪師　6-362

惟儼禪師　6-311

敖仙　5-610

敖眞人　11-1131

救亢陽赤松施雨　8-319

產神　11-75

戚公子　12-268　15-83
戚元符　17-932
戚玄符　7-452
戚姑　17-1007
戚逍遙　7-464　9-527　17-971
戚無何　17-1301

探良材逸歸風后　8-427
探薪人歌　17-1442
探藥民　9-241　17-675
探藥詩　韓終　17-1439

控鶴　5-1-67
控鶴仙人　4-114　5-117

掩耳道士　17-997

掃晴娘　15-103

推潮鬼　12-104

掠刷使　1-102　2-118　3-392

曹三香　7-483
曹王　11-26
曹太初　17-1296
曹董　17-1298
曹古松　17-1191
曹仙媼　5-274　7-474　17-403
曹休　12-356
曹桔休　12-357
曹娥　3-384
曹國舅　5-497　6-99　8-3073
　　13-208　17-1075
曹國舅非慈聖太后之弟　13-208
曹植遊山聞誦經聲　17-1584
曹奭　17-1010
曹德林　17-1171

晦堂禪師　6-360

淘沙子　17-1022

清平吉　4-120　5-123　17-195
清眞宮土地　12-275
清虛眞人二首　17-1461
清虛眞人　17-1540
清溪道士　17-352
清源妙道眞君　1-94　2-109

12-117
清靈眞人八月十六日夕授詩
　17-1485

混元皇帝　吳筠　17-1515
混沌道士　17-1613
混炁龐元帥　2-184　11-30

淳于智占錢窖　19-104
淳于智占塌屋　19-107
淳于斠　17-374

淫祠　19-593

淶河橋　13-140

淮水神　12-118　11-14
淮南八公　8-1327　11-70
淮南王安　8-1327　17-260
淮渦水神　水仙　14-717

淩霄女　12-53

梵公　17-1109

棠東之劍　17-1582

梅氏子　8-3127

梅志仙　5-521　17-1156
梅姑　7-141　17-181
梅福　4-181　5-199　5-1-103
　6-71　17-319

梨山大王　12-285

梁母　7-260　17-549
梁玉清　7-146
梁可瀾　17-1321
梁武帝　19-251
梁亮　17-1123
梁眞人　17-1027
梁野人　5-642
梁誌通　17-1180
梁盧　17-473
梁諶　4-250　5-274

梓橦帝君　1-31　2-33　3-86
　8-1831　10-7　12-34　14-191

翊應侯　12-204

章仇兼瓊　9-321
章全素　17-342
章自然　17-1117
章思廉　17-1099

祭土地神見禮記檀弓　13-137

盛將軍　12-232

牽子廉　17-1043

虛無的　19-276

眼明袋　17-1589

衆星系　18-195
衆星系總論　18-195

羞吳芮麗英垂誡　8-1237

術語　19-47
術戲數傾推左管　8-1687

符契元　17-923

彗星　18-241

終南山翁　17-1665

紹悟禪師　6-361
紹興城隍　12-260

異丐戲術　17-1632

蛇王　15-85
蛇王廟　12-405
蛇神　19-596
蛇鬼　11-77
蛇　19-383

望夫山　19-536
望夫石　19-537

脫殼獄　18-321

船子和尙　6-315
船神　11-72

莊子　4-83　5-57　17-1327
莊君平　5-146　17-348
莊伯微　4-169　5-194　8-1453
　17-399
莊周　5-1-53　17-153　17-1647
莊周贊　張華　17-1368
莊周頌　江總　17-1505

莎衣道人　5-516

莫公　17-1029
莫邪大王　12-286
莫起炎　17-1111
莫月鼎　4-513　5-575　6-159

8-3415

華山之神　3-280

華子期　4-189　5-194　17-178

華光如來　12-431

華陀三國號神醫　8-1705

華幽棲　17-1011

華陽陶先生墓誌銘　梁簡文帝　17-1374

華陽天司農玉童授詩　17-1503

華蓋　19-373

華蓋眞人　17-1029

華嚴師洛下開堂　8-2137

許大　17-467

許元　17-538

許氏　7-270

許氏子　17-1315

許毛　5-303　17-1169

許由　5-139　17-108

許由　吳筠　17-1518

許由贊　嵇康　17-1357

許羽　4-301　5-305

許老翁　17-761

許虎牙　17-525

許昌齡　17-1071

許明恕婢　5-402　7-603

許長史答詩　17-1487

許長史舊館壇碑　陶弘景　17-1382

許飛瓊　7-448

許宣平　4-350　5-401　6-127　9-233　17-698

許眞人　6-352

許眞君　1-58　2-68　3-96　3-189　6-101　8-1903　9-149　11-67　12-66　14-501　17-460

許棲岩　4-435　5-434　9-373

許將軍　12-240

許曼占前程　19-114

許堅　17-1024

許黃氏　17-527

許詢　17-538

許道育　17-545

許碏　5-631　9-329　17-977

許遜　4-279　5-283　8-1975

許遜姊　5-296

許遜女　5-296

許邁　4-299　5-304　8-1993　17-522

許穆　4-301　5-305　17-524

許翽　17-526

許瀍　17-1677

郭上竈　5-625　17-1054

郭勺藥　7-180

郭子儀　9-195

郭文　9-145　17-480

郭四期　17-180　17-1489

郭志生　17-485

郭志空　5-567　17-1152

郭延　17-296

郭叔香　7-188　17-401

郭忠恕　17-1044

郭翰　7-406　9-519

郭靜中　17-1325

郭璞　4-315　5-298　17-495
　　19-108　19-110

郭瓊　4-140　5-141　5-1-89

逍遙子　6-353

通公　17-1309

通元大師　17-48

通元眞人　吳筠　17-1520

通玄禪師　2-280

通玄光暢昇元敏秀眞君文子
　　12-70

通眞子　17-1151

連可久　17-1129

野人閒話　17-1608

雪山讚四首　江淹　17-1499

陳九郎　12-306　17-1028

陳大素　17-656

陳士義　17-1334

陳子皇　17-429

陳太初　5-499　17-1072

陳仁嬌　5-505　7-498

陳仁嬌　赤蝦子　樹杪閒人
　　12-429

陳仁嶠　17-1073

陳夫人　12-316　15-65

陳元吟　17-1003

陳去非　19-159

陳永伯　4-170　5-192　17-429

陳可復官庭召雨　8-3415

陳司徒　12-214　15-19

陳平奇計　19-398

陳世安　17-990　17-1009

陳安世　5-193　9-57　17-424

陳仲舉　17-541

陳希夷　6-137

陳社夫人　12-326

陳孝子　17-1271

陳長　17-429

陳易　5-499

陳昉　17-1056

陳明　17-1107

陳泥丸　6-157

陳季卿　17-994

陳師　17-1006

陳致虛　17-1013

陳高功　17-719

陳曹大王　12-291

陳惲　17-450

陳惠度　17-551

陳雲布　17-740

陳惠虛　9-385　17-1009

陳黑老瓜圃傭工　8-2713

陳復休　9-401

陳勝吳廣　19-400

陳葆光　5-630

陳楠　4-477　5-558　17-1085

陳落魄　17-966

陳摶　4-443　5-485　17-1031
　　19-165　19-341

陳寡言　17-1009

陳嘉　17-1174

陳增族　5-192

陳勳　5-283

陳興明　17-472

陳寶　3-340　19-594

陵陽子明　4-84　17-334

陶八八　17-813

陶尹二君　9-325

陶四郎　12-303　12-306

陶弘景　4-335　5-343　6-113
　　8-2101　8-2155　17-553

陶安公　17-332

陶朱公復還故我　8-1075

陶克忠　17-1141

陶李司徒　12-214

陶侃　19-154

陶松隱　17-1009

陶眞人　17-1318

陶唐氏　17-108

陶淡　17-512

陶淵明　19-219

陶道人　5-517　17-1094

陸太夫　3-270

陸法和　5-613　17-631

陸禹臣　17-960

陸修靜　17-546

陸通　17-143

陸瓚　17-1306

陰生　17-331

陰外戚密授丹經　8-1525

陰地經培心地本　小成集築大成
　　基　8-3649

陰恒　17-426

陰長生　4-159　5-149　9-83
　17-365　17-1450　17-1500
陰陽使者　12-13
陰隱客　9-199

頂山白龍神　12-101

鳥窠和尚　6-291

魚氏二女　7-140
魚肉道人　5-627
魚花五聖　11-74　12-311
魚籃觀音　12-441　13-245

鹿皮翁　5-350　17-330

十 二 畫

傅大士　1-76　2-88　3-178
傅仙宗　17-731
傅先生　4-350　5-404　17-346
傅奕　8-553
傅咸　19-172
傅隱遙　17-683
傅禮和　7-185

傀儡大王　12-294

博士明王　12-279

博陸侯　11-41

勞眞人　17-1321

勝姑夫人　12-328

馮大亮　9-303　17-1668
馮大王　12-410
馮吉　17-1326
馮克利　17-1323
馮伯達　17-544
馮長　17-136
馮延壽　5-606
馮道助　8-3451　17-1174
馮觀國　5-545

寒山子　6-285　17-950
寒冰獄　18-309

彭小仙　17-1244
彭元帥　3-248
彭幼朔　17-1273
彭州胡氏三遇異人記　文同
　17-1412
彭抗　4-301　5-298　17-470
彭宏大　17-1188
彭宗　4-71　5-49　5-1-44
　17-537

彭長　4-73　5-50　5-1-45

彭知微女　17-1292

彭祖　4-63　5-43　5-1-35　6-
　27　9-27　19-333　17-116
　17-1645

彭祖卽老聃　13-175

彭耜　4-483　5-561　17-1102

善詠諧仙官演劇　8-1129

單道安　17-1191

單道開　5-611

喜神　19-586

喜鵲　19-229

喬順　17-173　17-1000

屠太保　12-212

屠蘇酒　19-504

堯見姑射神人賦　王起　17-1402

嵐光　19-181

尋跡再訪孤姥莊　8-2641

惠應王　3-236

惠藏禪師　6-263

登遐頌　陸雲　17-1369

植杏林董奉行醫　8-1813

極樂天　18-49

戟神　11-78

最仁大王　12-289

猴仙姑　9-471

雇者　17-1596

揚子法言　17-1335

揚州五司徒　1-110　2-127　3-
　226　11-35

提腳道人　17-1264

揣骨　19-169

智明禪師題像　6-363

智威禪師　6-265

智閑禪師　6-269

智間禪師　6-361

智興　19-60

智璪禪師　2-269

朝山禮佛　19-468

朝元眞官　12-87

焚紙人紙馬有至理　13-167

焦山得道　17-1586

焦先　4-157　5-147　5-1-92
　　9-99　17-432

焦姑　17-1223

焦道廣　17-636

焦道士　17-1011

焦靜眞　5-373　7-322

焦鍊師　17-743

無上元君　7-39

無上太初博文始眞君尹眞人
　　12-71

無生訣　6-319

無央聖衆　12-15

無名道　5-644

無住禪師　6-275

無念禪師　6-367

無垢子　6-371

無畏禪師　2-288　3-22

無澤明王　12-280

湖州五聖　12-311

溫元帥　11-41　15-35

溫太眞燃犀燭怪　8-1885

溫孝通　3-370

溫泉神　11-14

溫將軍　12-237

溫道者　17-1047

湯王　12-282

湯王廟　12-194

湯明大王　12-291

湯周二山　17-530

游仙詩五首　王融　17-1497

游海詩　甯封子　17-1437

渤海女仙　7-467

湘中老人　5-409　17-1001

湘江神　11-13

湘君　3-198　19-565　19-386

湘媼劈雪城救生　8-2695

曾文迵　4-320

曾文迪　5-353

曾文延　17-1018

曾至靜　17-1057

曾志堅　17-1229

曾亨　5-283

普光功德山王佛　12-434

普陀山大士現身　12-435

普庵禪師　1-82　2-94　3-172

普賢大士　12-443

普賢文殊後身　12-441

景元範　17-1113

景仲　17-1288

景岑禪師　6-359

景佑眞君廟　12-146

景知常　5-492　17-1048

景素陽　5-574

景雲大王　12-297

景龍觀劍擊麪生　8-2353

童子先生　17-338

痘花五聖　11-75

痘神　12-330　14-609

粟麥黍豆神　11-72

琴高　4-79　5-54　5-1-49
　17-144

程大虛　17-931

程守善　5-640

程君友　17-1041

程明道　19-69

程偉妻　4-146　5-143　7-153
　17-416

程濟　17-1212

嵇康　5-278

硯神　11-78

補鍋匠　17-1216

補陀山有四而皆祀觀音　13-247

黃一眞　17-1211

黃十公　17-1109

黃子陽　4-157　5-360

黃天元　17-1136

黃天敎　19-420

黃元吉　17-1005

黃升　5-422

黃仁覽　4-302　5-296　17-469

黃公望　5-570

黃仙師　2-321　3-290　11-70

黃仙師瞿童記　符載　17-1405

黃仙姑　7-248

黃石公　3-320　5-117　5-1-66

17-185　19-326

黃石君　17-121

黃老天　18-81

黃皮二仙女　17-1007

黃司空廟　12-217

黃竹　17-1173

黃安　4-149　5-140　5-1-88

　9-23　6-346　17-296

黃列子　17-339

黃知微　17-1068

黃初平　4-232　5-260　6-73

　9-73

黃初起　4-232　5-260

黃希旦　5-503　17-1061

黃房公　17-1160

黃昇　17-1120

黃昌　17-470

黃東美　17-1173

黃河淸　19-376

黃花老人　17-1228

黃帝　4-52　5-36　5-1-25　8-

　463　17-51　17-1645

黃帝見廣成子贊　庾信

　17-1387

黃洞源　5-479　17-819　（附瞿

　廷伯）

黃冠道士　17-1320

黃神氏存神煉己　8-193

黃眞人　17-1130

黃野人　4-273　5-308　6-31

　17-511　17-1627

黃華姑　5-376

黃齊行陰功救命　17-1607

黃鹿眞人　17-1141

黃陵神　3-288

黃景華　7-182　17-325

黃萬祐　17-1024

黃道眞　5-612

黃道婆　12-314　15-61

黃敬　17-428

黃損　17-1606　17-1607

黃撥沙　19-61

黃龍和尙　6-366

黃蘗禪師　6-370

黃鶴樓仙人洞　張文懿　17-1623

黃巖山空明洞王　17-1635

黃魔神　3-348

黃靈微　17-488

菖蒲澗　17-1587

菩提王廟　12-194

菩提達摩尊者　6-233

菩薩　19-571

答高安宰　沈廷瑞　17-1560

答從叔愈　韓湘　17-1543
答朝士訪仙佛兩法體相書　陶弘
　景　17-1386

筆神　11-78
筆墨紙創始　16-75

羡門子方授韓終　8-1273

絡繹賦　19-217

絜廬　19-178

絕洞子　5-109

紫姑　11-73　12-401　19-579
紫姑神　1-130　2-160　14-401
　17-1653
紫炁翁　8-211
紫宮明王　12-281
紫素元君　7-471
紫陽張眞人　12-72
紫雲觀女道士　7-292　17-745
紫微王夫人　7-93
紫微夫人歌　17-1466
紫微王夫人詩一十七首　17-1472
紫微夫人歌二首　17-1472
紫微吟二首　17-1473

紫微星系　18-139
紫微星論　18-139
紫微星系全圖　18-143
紫微星系總論　18-141
紫微星系諸星大小地質衞星山水
　一覽表　18-157
紫微侯　12-265
紫團眞人　17-541
紫邏樵叟　17-1671

舜　8-625
舜妃廟仙女　17-1685

詠史　曹毗　17-1494
詠得神仙　陰鏗　17-1504

詆仙賦　宋祈　17-1411

註解不可盡信　16-188

遇宮嵩細談仙侶　8-1723
遇蓮葉二客詩　欒淸　17-1542

越王　12-281
越椒　19-144

跋王易簡玉仙傳後　黃伯思
　17-1413

跋陳北山序黃春伯本末　眞德秀　17-1415

跋劉向列仙傳後　黃伯思　17-1413

跛仙　17-1045

賀元　5-261　17-1054

賀元獻浮屠老子像　17-1646

賀自眞　17-978

賀長　17-1243

賀將軍　12-231

賀感夢聖祖表　李邕　17-1404

賀蘭　5-497

賀蘭二老　17-1210

賀樂　17-511

買卜爲一癡　19-108

買藥道士　17-873

費文禕　5-619

費氏二女　17-486

費孝先　5-634

費妙行　7-329

費長房　4-240　5-263　6-75　17-390

費冠卿　9-431　17-1671

費雞師　17-918

鄉人儺　19-481

邵子　8-3109

都天神　15-29

開紫府青帝延賓　8-499

開路神　3-410　14-577　19-591

開路神君　2-341

閏八相公　12-264

閏月三日夜作示許長史　17-1480

陽生　17-339

陽平謫仙　17-979

陽武侯　19-49

陽武四將軍　12-236

陽翁伯　9-47　17-338

陽都女　7-169　9-473

隋時釋教　16-112

隋時道教　16-144

雲林夫人　4-301

雲華夫人　7-93　17-111

雲林右英夫人詩二十五首　17-1475

雲林與衆眞吟詩　17-1466

雲英　4-421　5-470　7-239

雲師　12-51

雲臺峯道士　17-638

雲巖禪師　6-360

雁蕩山老人　17-1620

順天夫人　12-321

順應王　11-24

順濟王　3-308

順懿夫人　3-376

順懿夫人　12-316

項橋　19-71

黑水將軍　3-342

黑老　17-916

黑神南霽雲　12-144

黑叟　8-2569　9-335

黑暗獄　18-295

十 三 劃

傳火侯冶仙鑄劍　8-985

甯封子　4-54　5-38　5-1-26
　17-103

圓光　19-481

圓覺禪師　6-370

園客　17-531

園客妻　7-129

獅子巖徐君尸解　8-2227

嵩山叟　9-147　17-533

嵩岳嫁女　9-389

嵩岳仙姬　7-632

嵩岳伏僧禪師　2-305

嵩高馮眞人授詩　17-1502

嵩嶽聞笙　劉庭芝　17-1511

瑞人　19-364

瑞石　19-363

瑞石壇　19-371

瑞物　19-369

瑞雨頌　19-371

瑞氣現鈎弋逢君　8-1417

瑞麥　19-372

瑞蛇　19-375

瑞湖　19-366

瑞雲　19-369

瑞電　19-368

瑞語　19-365

聖七娘　12-333

聖山靈康白鶴大帝　12-139

聖母　3-368

聖母尊號　1-14　2-18

聖姑　15-111

聖姑　昇姑　12-338　17-537

聖祖尊號　1-18　2-16

聖道者　17-1093

聖賢　11-81

瑕丘仲　5-434　17-172

瑯嬛福地　19-535

楠木大王　12-411

楞伽貧女　17-1123

楚狂接輿夫妻　吳筠　17-1520

楚姑　12-340

楚昭王時　19-197

楚雄神石　3-324

楊九娘　12-333

楊子論諸子說　17-1651

楊父　5-629

楊太尉　11-41

楊元琰　19-170

楊什伍妙術通幽　8-2551

楊仙公　17-1019

楊正見　7-331　9-497　17-743

楊布袋　17-1253

楊四將軍　3-190

楊汝眞　17-1317

楊伯醜　8-2191　9-189　17-644

楊牧　17-1606

楊府君　12-250

楊泗將軍　13-86

楊元帥　2-209　11-32

楊昭慶　5-622　17-700

楊珏　17-1303

楊眞伯　9-421

楊通幽　9-209　17-786

楊將軍　11-25

楊尊師　17-950

楊堅　19-253

楊堅降生　19-500

楊雲外　17-354

楊礪　8-3037

楊越公第　17-869

楊湛然　17-1220

楊敬眞　7-413　17-909

楊道人　17-1091

楊道圓　17-1176

楊道眞　17-1161

楊道和　17-1161

楊維　17-1115

楊養拙　17-1180

楊羲　4-278　5-355　17-519

楊爓　17-1293

楊寶　17-1583

楊糲　17-1217

楊謨洞　17-1590

楊墩墓　17-1614

楊權　5-636

溺人井　19-540

溧陽渡伍相留賓　8-1759

照妖鏡　19-400

煉丹　19-544

煙蘿子　17-1020

煬帝夫人　12-328

感遇詩二首　陳子昂　17-1151

感興　李白　17-1525

意而子　17-132

慈心仙人　17-814

慈恩塔院女仙　7-472

慈航　8-2569

慈濟廟　12-173

歲神　11-17

靳八公　17-1138

新村聖姑　12-339

新產大王　12-294

新歲　19-504～507

新羅山神　3-212

禁咒　19-482

福神　1-129　2-156　11-49
　14-565

福順王　11-25

福順大王　12-288

福善大王　12-289

福祿財門　3-398

福德五通　12-310

福濟廣利侯　12-205

敬元子　17-340

敬元子歌　17-1444

敬仲佔娶妻　19-115

搖光星　18-253

經史亦載果報之說　13-294

經典遭厄　16-45

經典初厄　16-46

經典二厄　16-48

經典三厄　16-50

經典四厄　16-51

經典五厄　16-53

經典六厄　16-55

經典七厄　16-55

經典八厄　16-56

經典九厄　16-63

經典十厄　16-64

經廬山贈山神徐君詩　吳猛
　　17-1460

會仙歌　鮑溶　17-1537

會祗園闡明叔運　8-1957

靖國衞民大元帥花敬定　12-221

義和團　19-413

義忠王梁山伯廟　12-158

義勇武安王　1-90　2-104　3-
　　232

碓搗獄　18-319

虞生　5-202

虞翁生　17-444

節度使夫人　19-164

訾互　17-1155

訾亙　5-559

詹妙容　17-875

詹道人　17-1179

誠敬夫人　3-380

詩二首　扈謙　17-1489

詩人遇仙酒肆　17-1634

詩經來歷　16-76

詩讖　17-1640

酬王尊師仙遊三首　王英　17-
　　1576

資善福明王　11-24

賈文　17-1086

賈氏　5-51　7-601

賈似道　17-1634

賈知微贈丹　17-1635

賈師得數軸道書　8-2623

賈躭　9-351

賈聚妙　19-170

路光　17-369

路神　19-590

跳神　19-598

辟蛇童子　12-328

辟寒　17-1632

葛三郎　17-815

葛元　17-438

葛天君　12-54

葛仙　11-69

葛玄　4-263　5-269　9-529

葛由　4-70　5-48　5-1-41
　17-125

葛用　17-1284

葛仙公　6-348

葛仙公詩三首　葛元 17-1458

葛長庚　5-560

葛洪　4-270　5-305　8-1903
　8-1957　17-506　19-342

葛越　17-427

萬一無　17-1301

萬玉山　17-1239

萬直臣　17-1128

萬安　8-1705

萬物不能自生徵　16-25

萬振　17-552　5-352　4-330

萬廻虢國公　1-56　2-66　3-242
　12-376

萬華眞人　17-700

萬萬石　5-296

萬輔先生　17-226

萬鳳　17-1253

萬寶常　9-155　17-643

葆眞　17-1311

落魄仙　17-536

著僞書　16-56　16-66　16-70
・

董上仙　7-335　17-745

董子陽　17-213

董幼　8-2047　17-529

董仙　17-1240

董永　17-1582

董仲　5-193　5-1-98　17-404

董仲君　17-428

董仲舒母墓　17-1583

董守志　17-1140

董伯華　5-646

董奉　4-222　5-222　8-1813
　9-125　17-446

董雙成　17-173

葉千韶　5-621

葉文詩　17-1116

葉半仙　17-1309

葉法善　5-365　9-245　17-683

葉梅卿　17-1116

葉清父同歸錄後序　眞德秀
　　17-1416

葉遷韶　17-532

葉藏質　17-941

蓑衣師　17-1112

蓑衣僊　17-1005

蓑衣何眞人　12-79

葫中乾坤　17-1602

運樞　19-78

道一禪師　6-261

道士王纂　9-157

道士歌　17-1638

道成相貌　19-501

道州五龍神　3-312

道英禪師　6-373

道信大師　6-241

道家三清之妄　13-233

道家自尊而非儒教　16-36

道家南北二宗　12-373

道虛篇　17-1336

道教源流　1-12　1-18　2-9

道通禪師　6-281

道教大旨　16-163

道教原始　16-132

道教相承次第錄　17-17

道教非創自老子　16-169

道術之士何必萬古只一老子
　　17-1657

道樹卜　17-925

遊仙　張協　17-1493

遊仙　王貞白　17-1556

遊仙　劉復　17-1529

遊仙　賈島　17-1541

遊仙二首　司空圖　17-1556

遊仙四首　嚴羽　17-1565

遊仙四首　王績　17-1510

遊仙二十四首　吳筠　17-1515

遊仙詩　成公綏　17-1493

遊仙詩　何劭　17-1490

遊仙詩　袁彖　17-1497

遊仙詩　梁武帝　17-1497

遊仙詩二首　庾闡　17-1493

遊仙詩三首　張華　17-1493

遊仙詩八首　余善　17-1571

遊仙詩十首　郭璞　17-1491

遊仙詞六首　郭翼　17-1568

遊仙詞七首　淨圭　17-1572

遊仙詞十六首　張泰　17-1575

遊仙篇　翁卷　17-1565

遊仙謠　曹勛　17-1564

遊仙詩　曹植　17-1457

遊仙詩　嵇康　17-1457

遊仙詩　秦少遊　17-1657

遊仙苑父女重逢　8-715

遊南嶽讚　方回　17-1438

遊番禺鮑姑贈艾　8-2659

遊道者　17-1024

達生　17-1332

達磨　3-170　8-2137

過南山懷許宣平　程伯陽　17-
　1573

雷九功　17-1308

雷公　12-47

雷公電母　11-7　14-761

雷神　3-72　11-8　12-46

雷鬼　12-48

雷部　12-44

雷廟　12-43

雷海青　15-39

雷蓬頭　17-1229

雷隱翁　4-458　5-506　6-141

17-1073

電母　12-49

電母神　2-331

電神　3-74

零陵王　3-234

雍夫人　5-215

解神　17-1349

鉤翼夫人　7-150　17-306

鄒希衍　17-1055

鄔通微　5-376　17-1171

鳩摩羅什禪師　2-246

鳩摩羅多尊者　6-227

頑石僵柳　19-388

蛾皇　17-527

蜀八仙　11-65　12-346

蜀劉璋爲神　13-108

豐干蟬師　6-283

十 四 劃

僧迦難提尊者　6-223

僧契虛　9-267

僧潤　6-366

僧璨大師　6-239

僕僕先生　4-377　9-223　17-782

厭勝　19-483

屬歸眞　17-1020

嫦娥　7-124

嫦娥奔月　19-519

瑪利亞　8-1489

瑤池　李商隱　17-1546

槐花洞　17-1642

槐樹歌一首　張奴　17-1495

槐壇道士　17-734

寨將夫人　3-378

槃瓠　2-206　3-354　8-517

嘉禾　19-372

嘉靖帝至死不悟　19-322

嘉濟廟　12-166

廣平呂神翁　3-286

廣成子　4-52　5-36　5-1-24
　6-23　8-463　17-49　17-1518

廣成子　吳筠　17-1518

廖孔說　17-1279

廖立　17-1137

廖牛仙　17-1309

廖沖　17-567

廖法正　17-944

廖師　5-478

廖時升　17-1222

漢文帝　19-120

漢文帝時　19-195

漢成帝時　19-197

漢光武時　19-198

漢明帝　8-1507　19-243

漢武帝　8-1327　9-33　17-225
　19-298

漢武帝將候西王母下降　曹唐
　17-1553

漢武帝於宮中燕西王母　曹唐
　17-1553

漢後帝時　19-200

漢昭帝時　19-196

漢桓帝時　19-198

漢時道教　14-137

漢時釋教　16-105

漢高帝廟　12-177

漢惠帝時　19-194

漢陽府志　九仙女飛昇石及煉丹
　井　17-1642

漢壽亭侯明初未載祀典　13-31

漢鍾離非姓漢　13-198

漢靈帝時　19-199

漁父仙王　12-299

漁翁女　7-495

壺公　4-240　5-263　8-1921
　9-117　11-66　19-479　17-
　392

壺丘子　吳筠　17-1520

壽光侯　4-150　5-144

壽星　10-29　11-47　14-699

壽春眞人　3-138

夢天　李賀　17-1544

夢中啖桃　17-1641

夢仙　白居易　17-1535

夢仙謠　歐陽澈　17-1562

夢仙謠　廖融　17-1560

夢神　11-73

碧霞元君　11-12　12-93　19-
　566

熊伯霆　17-1213

遣儒生秦始求仙　8-1201

遠遊篇　曹植　17-1456

遠遊篇　劉基　17-1573

與衆眞吟詩二首　魏夫人　17-
　1463

種生　19-515

種竹養魚致巨富　高山流水遇知
　音　8-1039

稱禪師　8-2173

精衞　8-373

緇冠騎牛者扣角歌　17-1642

維揚十友　9-417

絳侯周勃廟　12-167

綠圖子　17-107

盡誠敬道學淵源　8-3469

蓋時敏　17-1151

蒼犬　19-388
蒼儵　17-1004
蒼頡　17-1284

蒿里相公　1-122　2-144　3-274
　11-76

蒲先生　17-172
蒲支　8-553
蒲州賣藥翁　17-1284

誌公和尚　6-293

說果陳根皆輔翊　8-3271
說鬼　19-542

聚寶盆　19-526

端午　19-510

銅雀　19-363

趙子甄　17-1129
趙山人　8-2893
趙天雷　17-1137
趙公明　10-17　12-395
趙友欽　4-510　5-571　17-1188
趙元帥　1-118　2-137　3-244
趙丙　4-163　5-193　5-1-97
趙麻衣　17-1313
趙吉　4-456　5-502　17-1067
趙昱　12-117
趙自然　5-624　17-1048
趙旭　9-503
趙匡胤　19-146
趙匡胤時　19-206
趙侯廟　12-139
趙成子　17-981
趙昇　5-213
趙叔期　17-341
趙知微　17-1105
趙法應　17-1012
趙宜真　17-1187
趙威伯　8-1579　17-347
趙南　17-1316
趙真人　5-360

趙素臺　17-347　7-182

趙惠宗　4-381　5-420　17-1175

趙棠　5-629

趙童　17-1207

趙道隱　17-121

趙愛兒　7-249

趙廣信　17-436

趙興　19-70

趙瞿　9-103　17-337

趙覺　17-1057

裴元仁　17-197

裴元靜　9-523　17-931

裴氏子　9-293

裴仙　4-526　5-585

裴玄靜　5-418　7-449

裴老人　5-637

裴老　9-341　17-824

裴虬大王　12-291

裴航　4-419　6-117　8-2803
　9-395　17-923

裴慶　17-1258

裴諶　9-179　17-651

褚太尉　12-211

褚伯玉　17-550

褚先生伯玉碑　孔稚珪 17-1373

管七廟　12-245

管子文　17-739

管革　17-709

管輅　19-54　19-159

管輅占失火　19-113

管輅占逃妻　19-106

管歸眞　5-627

翟方進　19-154

翟天師　5-609　17-755

翟法言　17-354

翟道人　17-1278

翟乾祐　9-279

蜚廉　19-361

鳳凰　19-352

鳳綱　4-364　5-421　17-416

瘟神　15-53

爾朱洞　4-426　5-483

爾雅來歷　16-92

餅師祀漢宣帝　12-409

甄仙姑　17-1169

甄棲眞　5-626　17-1052

齊文襄占雨　19-103

齊物論　17-1327

齊景公廟　12-176

聞化女湘靈爲祥雲洞侍香仙子志
　喜六首　屠隆　17-1577

輕舉篇　王褒　17-1506

魁星　10-23　11-48　12-39
　14-225

十 五 畫

儀禮來歷　16-80

劉女　5-493　7-484

劉大師　17-1004

劉子南　9-143

劉公道　17-1166

劉方瀛　17-943

劉六眞人　17-540

劉少翁　17-998

劉天君　2-190　11-30

劉斗子　5-501　4-454

劉元靖　5-476　17-927

劉氏女　17-1046

劉玄英　4-342　5-490

劉仙　17-1314

劉仙姑　7-270

劉白雲　9-261　17-958

劉玉　17-657

劉任　17-1262

劉安　4-151　5-129　5-1-80
　9-79

劉希岳　5-494　17-1046

劉助　17-1010

劉邦　19-141

劉虬　17-550

劉志淵　17-1158

劉阮　8-1507

劉阮洞中遇仙子　曹唐　17-1554

劉阮再到天臺不復見仙子　曹唐
　17-1554

劉法師　9-191

劉京　4-124　5-123　5-1-76
　17-208

劉尙羔　17-1299

劉珍　5-615　17-645

劉春龍　7-187　17-401

劉香姑　7-589

劉度人　17-1003

劉施言　17-111

劉政　17-425

劉洞誠　17-1161

劉相國被謫逢兄　8-2893

劉眞人　17-431　17-1151

劉珝　17-402

劉師　3-144

劉根　4-179　5-198　5-1-102
　　8-1471　17-325

劉盆　4-484　5-520

劉海　11-66　14-479　17-1004

劉海蟾　5-120　6-346　12-372
　　17-1049

劉海為遼宰相　13-226

劉涓子注意蘇林　8-1453

劉晨　4-195　5-215　5-1-108
　　6-59　17-363

劉處玄　4-496　5-554

劉處靜　17-814

劉處元　17-1149

劉處士　17-1017

劉混成　17-1006

劉混康　5-629

劉野夫　17-1086

劉野父　5-631

劉商　9-69　9-363　17-938

劉清真　9-235

劉猛將軍　11-28　12-225

劉猛將軍　劉太尉　14-485

劉猛將軍之說不一　13-98

劉清淵　17-1170

劉偉　17-1242

劉越　4-66　5-45　5-1-39　6-

45　17-351

劉無名　5-621　8-2821　9-337

劉棟　17-1310

劉跛子　17-1078　17-1627

劉裕時　19-202

劉黑黑　17-1270

劉道成　17-477

劉道偉　17-399

劉道明　17-1221

劉道合　17-681

劉道恭　5-191

劉道秀　5-578

劉遁　5-633

劉綱　4-315　5-331　17-406

劉瑤英　7-602　17-181

劉寬　17-375

劉德本　5-478　17-960

劉儻　17-544

劉摩訶　17-530

劉諷　4-236　5-231　17-214

劉膳　4-511　5-479

劉憑　9-107　17-269

劉旵晉　9-427　17-949

劉簡　17-714

劉邈邈　17-1277

劉繼先　17-1058

劉懿真　17-480

德淵廟龍神　12-101
德興五顯姓林　12-61

墮松肪不殺符道　8-3127
墮竈和尚　6-363

墜風穴幸入仙鄉　8-2929

增福神　增財神　11-49
增福相公　1-122　2-142　3-396
　11-49

摩訶迦葉尊者　6-201

廟神徐王爲徐彎之誤　17-1056

樊夫人　4-315　5-331　7-171
　9-461　17-406
樊宗仁專求白皎　8-2767

黎道人　17-1087

潮神　2-333　3-206
潮神不止伍子胥　13-84

潤濟侯　3-250

潘七郎　12-303

潘老人　17-913
潘自然　17-1205
潘祁丕王　12-282
潘茂名　5-297
潘茂明　17-478
潘師正　5-615
潘景明王　12-281
潘尊師　9-383　17-982
潘道泰　17-1226
潘爛頭　17-1295

潛翁　5-361　17-645

稷丘君　4-151　5-137　5-1-85
　17-296

盤古　19-492

瞎說瞎聽　19-46

鄧公廟　12-196
鄧羽　17-1213
鄧伯元　5-335
鄧牧　5-644
鄧靑陽　17-1192
鄧郁　4-318　5-352　17-564
鄧眞人　17-540
鄧清　17-1226

鄧紫陽　5-618　17-732

鄧啞子　17-353

鄧道士　17-1087

鄧颺　19-163

鄭又玄　8-2767

鄭文公　17-563

鄭本　17-1317

鄭仙姑　17-899　17-1125

鄭安期　17-386

鄭全福　5-476　17-1017

鄭思遠　4-333　5-304　17-455

慧日禪師　6-365

慧林受師　6-375

慧能大師　6-247　8-2317　8-2335

慧海禪師　6-279

慧寂禪師　6-237

慧感靈孝昭順純懿夫人　12-323

慧感顯應善利夫人　12-323

慧遠禪師　2-243　6-297

蝗神　19-597

蝗蟲　19-395

賞曇華細述根源　8-1975

賜寶文叱召六丁　8-571

賦得山卦名　張正見　17-1505

賣蕨姥　17-1602

賣薑翁　5-564　17-352

賣藥翁　17-973

槲衣仙　17-445

横浦龍君　3-310

樟柳神　13-153

樂正子長　17-1028

樂府長歌行　17-1452

樂府步出夏門行　17-1452

樂長子　17-350

樂長治　17-375

樂清縣龍母廟　12-102

糊塗　15-77

窖傜　17-1268

緱仙姑　4-130　5-133　5-1-81　7-455　8-2173　17-930

緱嶺仙人爲王子喬之誤　13-228

衞朴　17-1063

衞青　19-153

衞叔卿　4-134　5-138　5-1-87
　9-45　17-300　19-335

衞度世　5-139

衞將軍　12-230

衞源神　11-14

蔣侯　12-197

蔣相公　11-41　15-33

蔣莊武帝　1-112　2-130　3-
　218　11-36

蔣暉　17-1112

蔣鏊　17-1240

蔣靈明王　12-279

蓬球　4-332　5-268　7-290
　9-365　17-1584

蓬萊三山　17-1615

蓬萊仙茶　17-1686

蓬萊道人　17-539

蓬萊四眞人詩四首　17-1481

蓬頭尹眞人　12-78

蔡女仙　5-120　5-1-71　7-289
　7-534

蔡少霞　9-441

蔡仙女　9-483

蔡判官　12-246

蔡長孺　17-339

蔡眞人　17-1154

蔡華甫　17-1134

蔡尋眞　17-891

蔡道像　17-1098

蔡道人　5-422

蔡經　4-218　5-218　5-1-111
　17-374

蔡澤　19-152

蔡瓊　4-71　5-48　5-1-42
　17-123

蔡謫仙　17-551

魯女生　17-394

魯少千　17-209

魯生女　5-143　5-1-91　7-497

魯志剛　17-1303

魯志靜　5-498

魯妙典　4-130　5-126　7-1-76
　17-208　17-988

魯洞雲　17-1167

魯班　14-627

魯道　17-1108

魯質　17-1306

論在人鬼神　17-1350

論見知述事　16-209

論事可有叵有　16-226

論書籍眞僞　16-218

論書籍述事　16-222

論眞僞近是疑似　16-224

論語來歷　16-83

論聞知傳述　16-212

論遠世傳述　16-215

論審辨叵有之事　16-230

論審辨靈奇妖異　16-235

論靈奇　16-234

論謗　17-1652

誕生　19-359

歐陽生　17-1158

歐陽修　19-156

醉醒子　19-215

褒女　7-211　17-990

褒美德孔張榮後　8-3523

閭丘方遠　5-480　17-965

輪廻報應之說佛所深畏　13-293

餘杭仙姥　7-437

鞋幫子　17-1275

賴處士　17-1604

賴祿孫孝感義盜　8-3451

駕鶴仙人　17-1589

養生　17-1585

墨子　4-107　5-112　5-1-62
　　8-1003　17-165

墨班鬪智絀暴楚　8-1021

墨神　11-78

麩子李　17-1238

髮卷規　17-1593

十 六 畫

儒氏源流　1-4　2-5　3-10

儒家說經破碎穿鑿　16-71

儒家自尊而非釋道　16-32

儒教創始　16-40

儒教相傳　16-41

儒教傾頹　16-41

儒教分裂　16-43

儒教絕統　16-44

歷史上的佛教　19-243～272
歷代崇封忠賢　13-153

寰瀛圖泛舟歸里　8-2803

壁山神　10-25

嬴女　7-137

磨推獄　18-317
磨嵯神　3-346

嘯文　17-114

學仙二首　韋應物　17-1528
學宮不宜祀文昌　13-45
學宮可祀文昌　13-46
學宮不宜祀魁星　13-48
學庸來歷　16-88

獨腳五通　12-309
獨傲仙女　17-1040
獨樹夫人　12-328

憶仙謠　沈彬　17-1558

辨方士　17-1347

辨述事眞偽　16-205
辨惑論　17-1651
辨道論　曹植　17-1356
辨茉莉夫人　17-1658
辨白樂天院　17-1653
辨西王母形狀　17-1657

樵歌呈鄭錫司空文明　李端
　17-1527

樹頭五聖　11-74　12-310

機神　11-72
機神廟　12-390

穆王時西王母謠　17-1441
穆王宴王母於九光流霞館　曹唐
　17-1555
穆天子　8-859
穆天子答二首　17-1441
穆天子宴瑤池賦　張仲素　17-
　1403
穆將符　9-349

嵇康　4-251

曇晟禪師　6-271
曇陽子　7-509

曇無竭禪師　2-254

整舟車萬里尋父　8-3595

糕糜先生楊道士　17-1181

擔簑老者　17-1300

盧二舅　17-764

盧山人　5-445　17-926

盧山匡阜先生　2-319

盧子蓁　17-173

盧六　5-568　17-1073

盧六祖　1-66　2-76　3-168

盧氏　7-159

盧太保　12-212

盧侯二仙　5-120

盧眉娘　7-368　9-513　17-899
　19-497

盧侯二生　17-178

盧扁鵲術勳虢人　8-913

盧眞人　17-353

盧耽　17-399

盧童子　17-541

盧卿女子　7-361

盧鈞　9-429

盧道者　17-1018

盧慧　17-1137

盧遨　17-179

蕚綠華　4-326　7-233　17-515

蕚綠華歌　韋應物　17-1528

蕚綠華將歸九嶷留別許眞人　曹
　唐　17-1555

燕昭王　17-167

燕國夫人　12-322

衡山道士　17-922

衡山鳥仙　17-1588　17-1637

衡隱　9-353

衡嶽道士　17-1663

諸仙　11-65

諸神生日　12-8

諸神得敕封始於唐　12-7

諸眞　17-20

諾詎羅尊者　12-449

謁張果先生　李頎　17-1514

謁教主獨傳妙法　8-1669

諷成湯務光隱去　8-679

諶母　17-464

諶姆　4-259　5-263　7-264

駱法通　5-116

遺簡詩二首　趙惠宗　17-1513

鄷去奢　4-320　5-339

錢妙眞　5-614　7-237
錢眞人　17-569
錢朗　5-476　17-929
錢國禎　17-1206
錢智微占買橋　19-112
錢鏐　19-172

錫天爵君臣共證　8-715
錫則子　17-114

隨應子　17-107
隨糧王　11-49

霍王廟　12-161
霍光奪璽　19-389

閻希言　17-1266
閻將軍　12-233
閻羅　19-553
閻羅王　10-36

閻羅命名之義　13-129
閻羅王有非正人之說　13-125

頻斯國　17-1662

頭陀劉五　17-1261

鮑姑　5-306　7-245　8-2659
　17-50
鮑叔陽　4-144　5-127　17-213
鮑蓋　17-472
鮑靚　4-233　5-275　8-1903
　17-454
鮑郎祠　12-148

黔嬴　12-15

龜蛇二將　10-22　12-23
龜臺金母　5-1-18

龍女　17-1626　19-493
龍山茶肆異人　17-1631
龍子　19-494
龍王　14-535
龍舟競渡　19-510
龍橋枯骨　17-1593
龍述　4-185　5-200　17-347
龍洞將軍　12-236

龍神　8-625　8-1597

龍涎　19-377　19-379

龍猛大士　12-442

龍樹尊者　6-219

龍驤將軍滁全和合都土地　12-274

十七畫

優波毱多尊者　6-205

嶽后　11-14

彌勒佛　11-53

彌羅天　18-85

應夷節　5-371　17-929

應靖　17-963

戲白牡丹非呂洞賓　13-205

戲話　19-217

戴火仙　17-352

戴孟　17-304

燭陰　3-70

檀仙姑　17-1126

禮記來歷　16-77

擊竹子　17-996

擬阮公詩三首　江淹　17-1499

擬郭弘農璞遊仙　江淹　17-1499

濟顛　13-263

矯愼　17-355

襄王府楊礪逢眞　8-3037

環球道德會　19-425

豯父　17-332

蟄龍法息調混沌　8-3019

糜子仲德消火厄　8-1651

衡山洞炎帝尋師　8-337

衡嶽峯金簡呈祥　8-589

總收三教　16-166

總結全篇立論之旨　16-202

總管　利濟侯　15-79

縮地鞭　19-478

繁陽子　8-1939

薊子訓　4-244　5-146　9-121
　17-387

蕭子良　19-248
蕭子雲　4-348　5-354　8-2155
　17-566
蕭王　12-282　15-107
蕭公　3-184　11-34　14-493
蕭公神　10-26
蕭公爺爺　2-337
蕭氏乳母　7-363
蕭氏應期生帝子　8-2101
蕭史　4-112　5-119　6-69　9-
　43　17-138
蕭史曲　張華　17-1492
蕭史曲　江總　17-1505
蕭史曲　曹勛　17-1564
蕭史攜弄玉上昇　曹唐　17-1556
蕭防　5-612
蕭伯華　17-1232
蕭仙無名　17-1656
蕭淨興　17-1153
蕭將軍　12-240
蕭然山元照羽化　8-3235

蕭閑張仙卿授詩　17-1502
蕭綦　4-171　5-217　5-1-110
　17-405
蕭靜之　9-239
蕭靈護　17-683

薛女眞　17-540
薛元眞　9-345
薛元同　9-525　17-954
薛玄同　7-461　8-2911
薛昌　4-375　5-416　17-757
薛季昌　4-396　5-416　17-704
薛眞人　6-352
薛導師　9-331
薛肇　9-183　17-765
薛道光　4-457　8-3163　17-
　1080
薛練師　7-272

謝允　17-474
謝天君　2-176　11-42
謝天地　17-1137
謝仙　12-52
謝仙翁　17-1029
謝仲初　5-335　17-535　17-
　1132
謝自然　5-616　7-371　8-2659
　9-507　17-892

謝自然詩　韓愈　17-1538

謝佑　17-1067

謝別毛仙翁　張爲　17-1557

謝東方朔雜事　韓愈　17-1539

謝眞人仙駕過舊山　夏方慶
　　17-1545

謝眞人仙駕過舊山　范傳正
　　17-1545

謝景修　17-1010

謝稚堅　5-191

謝道人　17-1103

謝臨風授書　17-1686

謝潤夫仙傳測字　8-3181

謝寶　17-1074

避兵灰　19-505

避煞　12-425

霜雪神　12-51

闇夜多尊者　6-229

鍾山懸　17-1219

鍾冲　3-328

鍾馗　1-124　2-148　3-404
　　10-30　11-49　12-379　14-
　　595　19-484

鍾馗非眞　13-141

鍾萬五　17-1237

鍾離嘉　17-467

鍾離權　4-166　5-229　5-1-117
　　6-55　8-1579　17-409

鍾離簡　4-166　5-229　17-409

鍾離先生　12-348

隱居貞白先生陶君碑　蕭綸
　　17-1374

隱東山仙逢許邁　8-1993

隱眞泉　17-1609

隱逸　11-82

隱蒼梧七賢遯跡　8-607

隱磻溪垂綸抱道　8-769

鞠君子　5-562

點石成銀術　17-1620

十 八 畫

麗女　7-209　9-475　17-990

歸元子　6-151

歸眞子　17-1618

濟顚　8-3343

禰衡廟　12-170

禱尼丘素王應逢　8-949

斷際禪師　6-363

瞿夫人　5-361　7-602　17-650
瞿居　17-405
瞿武　4-164　5-191
瞿栢庭　5-479

蟠桃　19-524

聶家香火　3-282
聶師道　5-403　8-2947　17-
　1014
聶紹元　17-1124

織女　7-124
織女牛郎　19-524

薩守堅　4-472　5-543　8-3361
薩眞人　3-134　2-83　12-74
　1-72

藐姑仙子非女　13-228

轉智大王　12-295
轉輪處　18-333

謫仙詞　陳陶　17-1559

謬傳　19-140～176

臨水夫人　12-316
臨平湖開　19-391

雙姑　12-336
雙師　17-563
雙禮珠彈雲璈而答歌　17-1463

鷄卜　19-530
鷄窠小兒　5-190

雜人　11-83
雜神　19-579
雜詩　何劭　17-1490

鎭江城隍　11-23
鎭妖滅族　19-392

關大王　12-129
關壯穆　11-23
關於月者　19-228
關於星者　19-229
關於風者　19-231
關於雲者　19-231
關於雷者　19-234

關於雨者　19-235
關於露者　19-236
關於雹者　19-236
關於霧者　19-237
關於虹者　19-238
關帝　12-125　14-175
關帝歷代封號　10-5
關索爲神　13-35

題毛女眞　蘇軾　17-1562
題阮郜閬苑女仙圖　鄧宇　17-
　1570
題酒樓壁　伊用昌　17-1561
題登眞洞　張果　17-1513
題葛仙翁移家圖　陳基　17-1570
題遊帷觀眞君殿後　伊用昌
　17-1561
題謝道士混元皇帝實錄後　葉適
　17-1414
題瀛洲仙會圖　柳貫　17-1569

顏含　8-1867
顏眞卿　4-399　5-420　17-772
顏筆仙　5-567　8-3217

魏一翁　17-1090
魏二翁　5-519
魏夫人　7-212　17-488

魏方進　17-791
魏太武帝　19-247
魏王豹　19-151
魏夫人成藥劍化　8-2065
魏存華　5-611
魏伯陽　4-183　5-201　5-1-105
　6-167　9-31　17-397
魏胡太后　19-249
魏眞君　4-113　5-119
魏隆　17-669

韓天木　17-1323
韓太華　7-187
韓夫人殉節流芳　8-1093
韓生　17-1076
韓西華　7-254　17-400
韓房　17-1659
韓信　19-149
韓飛霞　17-1239
韓退之　19-221
韓終　17-324
韓越　4-325　5-342　17-545
韓崇　4-82　5-55　17-1124
韓康　8-1561
韓將軍　12-241
韓偉遠　17-136
韓野雲　17-1268
韓湘　8-2749　12-358

韓湘子　4-440　5-532　6-47
　17-875
韓湘子神仙辨　陳繼儒　17-1419
韓湘子非文公姪孫　13-205
韓湘子著書之訛　13-207
韓愈　17-875　19-258
韓愈外甥　9-423
韓滉　9-197
韓稚　17-196

騏驎　19-355

騎龍鳴　17-332

鯉　17-1671

十 九 畫

礱穴題詩　沈廷瑞　17-1561

譖王之神　12-283

廬山匡阜先生　3-208
廬山神仙詩　湛方生　17-1494
廬山遠法師命盡之日　17-1585

嬾殘禪師　2-296

犢子　17-335

爆竹　19-504

懷仙引　盧照鄰　17-1509
懷仙歌　李白　17-1523
懷仙二首　鮑溶　17-1538
懷仙三首　陸龜蒙　17-1553
懷讓禪師　6-259

懶殘　5-409
懶殘李泌兩知心　8-2425

攀花五郎　12-304
攀龍鄉劉女乘鵝　8-3145

癡呆子　17-1219

蟻衣禪師　12-457

霸先做夢　19-499

簫史　5-1-69

蘭公　4-257　5-261　9-167
　17-465
蘭公夫婦　17-353
蘭冲虛　5-370

藥王有三　10-11

藥王　11-75　15-45

藥王廟　藥王菩薩　12-387

藥王不獨孫思邈　13-97

藥葫蘆道人　17-1221

藍方　17-1025

藍采和有踏踏歌　13-209

藍采和非姓名　13-211

藍采和　4-260　5-266　6-79
　　9-227　17-971

藍喬　5-628

藍橋　17-1121

藍關道聖姪相逢　8-2749

羅子房　4-397　5-414

羅文佑　17-471

羅公遠　4-370　5-414　8-2389
　　9-217　17-725

羅昇　5-519　17-1085

羅秀　17-512

羅郁　5-353

羅神　15-59

羅眞人　5-261

羅晏　5-518

羅娘　11-22

羅通微　5-369　17-671

羅萬象　17-972

羅漢　14-621

羅睺羅多尊者　6-221

羅維　17-1298

羅碧陽　17-1249

羅蓬頭　17-1161

羅隱　17-1141

羅翼眞人　17-540

譚子　17-1317

譚公道　17-1181

譚宜　9-203　17-771

譚峭　4-424　5-480　6-125
　　8-2947　17-1021

譚處端　4-492　5-552　17-1148

譚紫霄　5-492　17-1025

識君輔柳庄神相　8-3577

邋遢仙　17-1256

邋遢道傳沈萬三　19-3505

醫王廟　12-389

贈人二首　呂巖　17-1547

贈毛仙翁　沈傳師　17-1536

贈毛仙翁　李紳　17-1537

贈毛仙翁　崔郾　17-1545

贈毛仙翁　崔元略　17-1545

贈羊權詩　萼綠華　17-1464

贈馬明生詩二首　太眞夫人
　17-1448
贈凌仙姥　施肩吾　17-1541
贈曹先生　呂巖　17-1552
贈樊夫人詩　裴航　17-1543
贈學仙者　王績　17-1510

鏡神　11-72
鏡聽　19-522

離兒坡仙侶池　17-1583
離明　17-137

難陀　8-2623

顛倒李　17-1312

鞭石驅山薄侍郎　8-1183

麒麟客　9-411

二十畫

嚴士則　9-315
嚴士則終南山遇仙　17-1601
嚴子陵高屈光武　8-1489
嚴正東法困都巡　8-1777
嚴青　4-247　5-265　17-449

寶公禪師　2-266
寶誌禪師　1-62　2-73　3-162
寶誌公建康混跡　8-2119

獻鄭思遠施眞人二仙　呂巖
　17-1546

竈王　10-33
竈公竈婆　12-397
竈君　12-396　14-325
竈神　11-18　12-395
竈神實老婦　13-105
竈馬　竈界　12-397
竈經　12-400

竇大王　12-298
竇子明　8-1075　17-486　17-
　1012
竇軌　19-155
竇瓊英　7-186　17-401

藺沖虛　17-696

孽鏡臺　18-291

蘆荻大王　12-292

蘇小娘子　12-332

蘇元朗　17-642

蘇仙公　9-135　8-1291

蘇李大王　12-291

蘇林　4-175　5-195　5-1-100
　　17-145

蘇杭機神姓名　13-96

蘇耽　5-1-83

蘇耽歌　17-1503

蘇軾　4-131　5-134

蘇校書　17-996

蘇將軍　12-231

蘇園叟宜興遯跡　8-3217

蘇翰林　17-1628

蘇舜卿　5-632

蘇偓公　17-207

蘇澄隱　5-493

蘇嶺山神　3-210

蘇驃騎　11-24

邊洞玄　5-420　7-301　9-485

邊洞元　17-748

邊遁　17-1241

醴泉　19-361

觸鋒將軍　12-238

釋氏源流　1-8　2-5　3-16

釋迦佛　14-123　17-1647

釋迦牟尼佛　6-199

釋教自尊而非儒教　16-34

釋教原始　16-104

釋教大旨　16-129

釋道毀聖賢之妄　13-297

釋道兩家互相爭勝　16-38

釋道兩家互相剽竊　16-172

釋經非浮屠氏本書　16-168

饒廷直　5-375　17-1001

饒松　17-1136

饒洞天　17-1047

黨元帥　2-200　11-31

廿一畫

灌口神　14-639

灌口二郎神　3-182

灌口李二郎　10-15

攝生要旨　6-353

爛柯山　17-1588

續金銅仙人辭漢歌　于右　17-
　　1567

續神仙傳序　沈份　17-1409

續遊仙詩六首　馬洪　17-1574

護法伽藍　10-34
護國大王　12-290
護國忠烈昭濟顯應侯王維　12-198
護國忠臣顯靈王　12-185
護國英仁武烈忠正福德鎭閩尊王　12-180

酆去奢　17-961
酆都獄　18-315
酆都陰君　羅酆　12-423

露天明主　12-279
露筋娘娘　12-334
露筋祠五解而以貞女之說爲是　13-118
露葬　19-73

鐵元帥　2-228　11-8
鐵牛　19-523
鐵四太尉　11-39　12-209
鐵拐　5-1-32
鐵拐李　12-355
鐵拐先生　5-41　6-29
鐵拐李卽李八百　13-199
鐵冠道人　4-517

顧三郎　12-303
顧相公　12-265
顧筆仙　17-1092

鶴勒那尊者　6-231

廿 二 畫

權同　5-444

鸞履道人　17-1043

聽良言閉戶避災　8-2767

籛鏗　8-733

讀本草偶記　17-1651

驅石神　12-96

龔仲陽　17-172
龔某占窖金　19-106
龔將軍　12-239

廿 三 畫

劚薯蕷悮入洞天　8-2407

欒巴　4-162　5-189　5-1-95　8-1399　17-367

鑑源禪師　2-294

顯色天膏　7-1686
顯忠廟　12-146
顯祐廟　12-162
顯神咒戲驚三藏　8-2389
顯聖王　11-29
顯聖王周公　12-179
顯跡明王　12-279
顯道術涉正搖山　8-1219
顯德靈徵侯姚器廟　12-201
顯應公　12-195
顯應廟　12-175　12-195

廿 四 畫

蠶女　1-114　2-133　3-360
　　7-89
蠶女　青衣神　14-391
蠶神　11-19

讓王泰伯　12-178

讖緯　19-457

靈子眞　17-340
靈池朱眞人　17-1610
靈助侯　12-208
靈忠侯周孝子　12-253

靈官　19-572
靈芝　19-367
靈官馬元帥　2-215
靈祐王　12-147
靈洽廟　12-101
靈泒侯　1-122　2-146　3-254
　　11-45
靈順安邦寧國衞民侯方使太尉
　　12-210
靈順顯佑廣惠王　12-139
靈義侯　3-296
靈壽光　4-162　5-148　17-390
靈溥廟　12-101
靈澤夫人　3-374
靈渥廟　12-101
靈濟侯　12-205
靈濟侯陳賢　12-200
靈應侯郭璞　12-179
靈應忠嘉威烈惠濟廣靈王　12-
　　148
靈應廟廣福威烈侯葉　12-199
靈寶童謠　17-1442

廿 五 畫

觀音　11-51　14-349　19-569
觀音大士　12-436
觀音非婦人　13-239
觀音女兄弟三人　13-243

觀音菩薩　2-168

廿 六 畫

讚葛仙翁頌　葛元　17-1459

廿 八 畫

鑿井工人　17-694

廿 九 畫

鬱華子　17-48

驪山老母　4-354　13-195
驪山老姥　5-405
驪山姥　7-311　9-491　17-737

第一輯　中國民間信仰資料彙編

王秋桂　李豐楙　主編

索引（全一冊）

發行所：臺灣學生書局
電話：三六三四一五六
郵政劃撥帳號〇〇〇二四六六八號
臺北市和平東路一段一九八號

發行人：丁文治

出版者：臺灣學生書局

編撰者：李豐楙·林月仙

本書局登記證字號：行政院新聞局局版臺業字第一一〇〇號

印刷所：信利印製有限公司
電話：三〇五二三八〇
地址：台北市德昌街二六一巷十號

香港總經銷：藝文圖書公司
地址：九龍又一村達之路三十號地下後
座電話：三一八〇五八〇七

中華民國七十八年十一月景印初版

27203-18